Heiligtümer und
Opferkulte der Kelten

Heiligtümer und Opferkulte der Kelten

Herausgegeben von Alfred Haffner

mit Beiträgen von

Sibylle Bauer, Jean-Louis Brunaux, Bruno Chaume,
Alfred Haffner, Hans-Peter Kuhnen, Brigitte Lescure,
Laurent Olivier, Walter Reinhard, Ian M. Stead
und Günther Wieland

Nikol Verlagsgesellschaft mbH & Co. KG
Hamburg

Redaktion: Gabriele Süsskind

Sonderheft 1995 der Zeitschrift
»Archäologie in Deutschland«

Heiligtümer und Opferkulte der Kelten
Sonderausgabe 2000 für
Nikol Verlagsgesellschaft mbH & Co. KG
Hamburg
Mit freundlicher Genehmigung des
Originalverlages

© 1995
C. Konrad Theiss Verlag GmbH & Co.,
Stuttgart
Alle Rechte, auch das der fotomechanischen
Wiedergabe (einschließlich Fotokopie),
vorbehalten
All rights reserved

Umschlaggestaltung: Jürgen Reichert,
Stuttgart. Das Bild zeigt die Statue einer
unbekannten Gottheit mit Torques von
Euffigneix (Dép. Haute-Marne) in Pfeilerform
aus Kalkstein, erhaltene H. 28 cm. Auf der
Vorderseite ein Eber, auf den Schmalseiten ein
Auge bzw. ein Ohr. 1. Jahrhundert v. Chr.
(S. 26). Musée des Antiquités nationales,
Saint-Germain-en-Laye.
Frontispiz: Kopf eines Mannes mit Torques,
wahrscheinlich zur Statue eines Gottes
gehörig. Gefunden nahe der spätkeltischen
Viereckschanze von Mšecké Zehrovice in
Böhmen (S. 33 ff.) in einer Grube mit Keramik
des 2. Jahrhunderts v. Chr.; H. 25 cm. Die
eingerollten Enden von Schnurrbart und
Augenbrauen sind typische Elemente
keltischer Ornamentik. 3./2. Jahrhundert v.
Chr. (Národní Muzeum Praha).

Druck: Westermann Druck, Zwickau
Printed in Germany
ISBN 3-933203-37-6

Inhalt

Vorwort 7

Allgemeine Übersicht
von Alfred Haffner 9

Das keltische Heiligtum von Vix
von Bruno Chaume, Laurent Olivier
und Walter Reinhard 43

Ein »Starker Ort«:
Der frühkeltische Opferplatz bei Egesheim,
Lkr. Tuttlingen
von Sibylle Bauer und Hans-Peter Kuhnen . . . 51

Die keltischen Heiligtümer
Nordfrankreichs
von Jean-Louis Brunaux 55

Das kelto-ligurische »Heiligtum« von
Roquepertuse
von Brigitte Lescure 75

Die spätkeltischen Viereckschanzen
in Süddeutschland –
Kultanlagen oder Rechteckhöfe?
von Günther Wieland 85

Die Schatzfunde von Snettisham
von Ian M. Stead 100

Glossar 111

Auswahl antiker Texte zur
Religion der Kelten 112

Literatur 116

Danksagungen 120

Bildnachweis 120

Die Autoren des Bandes 121

Vorwort

Sehr spät, erst seit dem 4. Jahrhundert v. Chr. beginnen sich griechische und späterhin auch römische Historiker, Ethnographen und Geographen für die Geschichte und Kultur der Kelten, für die ethnischen Verhältnisse im nordalpinen Europa zu interessieren. Den Anstoß gaben, wie so oft, kriegerische Ereignisse. Keltische Stämme werden seit Beginn des 4. Jahrhunderts v. Chr. in Nord- und Mittelitalien seßhaft, Rom wird 387/86 erobert, keltische Heerscharen stoßen bis Sizilien vor. In Südosteuropa und in Anatolien entstehen keltische Königreiche. Es ist ein komplizierter, noch keineswegs gut erforschter Prozeß der gewaltsamen oder auch friedlichen Landnahme, der Akkulturation und Assimilation, der dazu geführt hat, daß vom 4. bis zum 1. Jahrhundert v. Chr. weite Bereiche Europas, vom Atlantik bis zum Schwarzen Meer, auch Irland, Britannien, das nördliche Südosteuropa und den Norden Italiens betreffend, langfristig oder auch nur kurze Zeit keltisch geprägt sind. Auch im nördlichen Mitteleuropa und im südlichen Skandinavien, dem Siedlungsgebiet früher Germanen, ist keltischer Einfluß deutlich faßbar. In der hellenistischen Kunst – es sei nur an den »Sterbenden Gallier« erinnert – haben diese »keltischen« Jahrhunderte ihren Niederschlag gefunden. Das 2. und 1. Jahrhundert v. Chr. bedeuten Abstieg, Rückzug und Aufstieg zugleich. Während in Südeuropa politischer und kultureller Einfluß der Kelten ständig schwindet, erlebt Mittel- und Westeuropa, nicht zuletzt als Reaktion auf Jahrhunderte ausgeprägter Südkontakte und auf die Rückwanderung ganzer Volksgruppen, eine Blütezeit keltischer Kultur in Form der archäologisch definierten Oppidazivilisation, einer Koiné der Ökonomie, der Sachkultur, der Kunst und wahrscheinlich auch der Religion, wie es sie zuvor nie gegeben hat. Dieser Blütezeit setzt die Ausweitung des römischen Reiches nach Gallien, Britannien und weiten Bereichen des südlichen Mitteleuropas ein Ende. Keltische Kultur lebt im romanisierten Gewande weiter und ist damit auch eine der Wurzeln abendländischer Kultur, die unser besonderes Interesse verdient.

Indem in diesem Buch über Heiligtümer und Opferkulte der Kelten berichtet wird, öffnet sich lediglich ein Fenster zur antiken Kultur der Kelten. Weit umfassender war und ist der Einblick, den die großen Ausstellungen und die sie begleitenden Katalogbände von Hallein (1980), Paris (1987 u. 1994), Venedig (1991) und Rosenheim (1993) gegeben haben. Da jedoch in keinem anderen Bereich keltischer Archäologie der Fortschritt so rasant und auch spektakulär verläuft wie in dem der Erforschung von Heiligtümern und den in ihnen nachweisbaren Opferpraktiken, war es an der Zeit, dieses Fenster weit aufzustoßen.

Mit dieser Perspektive auf den Inhalt könnte man sich als Verfasser des Vorwortes zufriedengeben. Wenn ich dies nicht tue, dann nur, weil ich davon ausgehe, daß viele Leserinnen und Leser ganze Passagen dieses Buches mit Erschrekken und auch Abscheu erleben werden. Was die antiken Autoren bezeugen, bestätigt und ergänzt der archäologische Befund. Das Töten von Menschen war Bestandteil keltischer Religion. Indem Menschen gefoltert und getötet wurden, glaubte man der Gottheit nahezukommen, ihr Wohlwollen zu erringen, ihren Willen auszufüh-

Vorwort

ren. Auch wenn wir damit kein spezifisch keltisches, sondern ein weltweit und immer wieder auftretendes Phänomen menschlicher Religiosität erfassen, so bleibt der Skandal, wird das Leid der Betroffenen nicht geringer. Als Konsequenz sind denn auch in vielen Religionen Bestrebungen weg vom Menschenopfer, hin zum Tier- und Objektopfer faßbar. Das Christentum ist diesen Weg zu mehr Humanität konsequent gegangen, indem es dem blutigen Opfer, auch dem Tieropfer, ein Ende setzte. Bedenkt man jedoch, was Inquisition und Hexenverfolgung im Namen Christi während Jahrhunderten angerichtet haben, daß es christlichen Religionen keineswegs gelungen ist, Blutrache und Todesstrafe zu ächten, alles Ausbrüche menschlicher Gewalt, die, wie Karl Bruno Leder in seinem Buch von 1984 über »Todesstrafe, Ursprung, Geschichte, Opfer« überzeugend dargestellt hat, in der archaischen Idee des Menschenopfers wurzeln, so

wird deutlich, daß sich dieser Weg zu mehr Humanität immer wieder als Sackgasse entpuppt hat. Erst die auf den Ideen der Aufklärung und auch, trotz aller ihrer Schrecken, der französischen Revolution aufbauende Deklaration der Menschenrechte ist der Weg aus dem Irrgarten religiöser Verwirrungen gewesen, auch wenn eine konsequente Ächtung der Todesstrafe bislang fehlt. Wenn somit beim Lesen einiger Passagen aus Erschrecken und Abscheu ein Nachdenken über die im Namen von Religionen verübte Inhumanität erwächst, ein Nachdenken über die Hybris vieler offizieller oder selbsternannter Religionsrepräsentanten, nämlich den Willen der Gottheit zu kennen und ihn durchsetzen zu müssen – und genau dieser Überzeugung waren die keltischen Druiden –, dann haben die Beiträge dieses Buches ein Ziel erreicht, das über die sachliche Information hinausgeht.

Alfred Haffner

Allgemeine Übersicht

VON ALFRED HAFFNER

Einführung

Natio est omnis Gallorum admodum dedita religionibus: Das ganze Volk der Gallier hält viel von rituellen Handlungen und Magie (Übersetzung L. Pauli). So beginnt C. J. Caesar seinen knappen, aber inhaltsreichen Bericht über die Religion der Kelten in Gallien (B. G. VI, 16). Mit einem Satz ist es Caesar gelungen, die Durchdringung aller Lebensbereiche mit religiösem Ideengut und Brauchtum zu charakterisieren, eine Durchdringung auch des Alltags, wie sie ähnlich ausgeprägt das christliche Mittelalter gekannt hat. Eindrucksvoll bestätigen die Jahrhunderte später entstandenen irischen Epen diese Volkscharakteristik der Kelten durch Caesar.

Keltische Religion, und dies gilt ganz besonders für das wenige, was wir über die Druiden, ihre Verbundenheit mit der Natur, ihren Glauben an Seelenwanderung und Unsterblichkeit der Seele, ihre Weisheit und Philosophie wissen, fasziniert nicht nur die Menschen unserer Zeit. Seit Jahrhunderten wird die keltische Religion idealisiert, mystifiziert, von esoterischen Bewegungen vereinnahmt, nicht selten auch ideologisch mißbraucht. Meist unterschlagen oder nur randlich erwähnt werden die dunklen, menschenverachtenden Seiten keltischer Religion.

Unser Wissen über die keltische Religion der Antike – und nur sie ist Thema dieses Buches – basiert einerseits auf den nur fragmentarisch erhaltenen literarischen Quellen mit all ihrer Problematik tendenziöser Berichterstattung, dichterischer Freiheit und offensichtlicher Mißverständnisse, andererseits auf den archäologischen Quellen, d. h. auf durch Ausgrabung, Prospek-

tion oder Zufallsentdeckung erschlossenem Sachgut (die Funde) oder im Boden erhaltenen Strukturen (die Befunde), die nur selten ihre kultische Funktion schon auf den ersten Blick verraten. Beiden Gruppen zugehörig sind schließlich die epigraphischen Quellen, überwiegend Inschriften religiösen Inhalts, die durch den archäologischen Kontext beträchtlich an Aussagekraft gewinnen.

All diesen Quellen gemeinsam ist, daß sie trotz ihrer scheinbaren Fülle unterschiedlichster Aussagen keineswegs munter sprudeln, daß ihnen vielmehr die historische Wahrheit abgerungen werden muß. Quellenkritik nennt die Wissenschaft dieses Bemühen um objektive Bewertung; erst wenn sie überzeugt, kann auch die Interpretation Erkenntnisgewinn bedeuten. Quellenkritische Überlegungen liegen der Mehrzahl der hier vorgestellten Ergebnisse zugrunde, auch wenn dies nicht ausdrücklich erwähnt wird.

Alle Beiträge dieses Buches sind von Archäologen verfaßt. Aber nicht nur deshalb stehen die Ergebnisse archäologischer Forschung im Mittelpunkt. Die Archäologie trägt vielmehr kontinuierlich nicht nur zu einer quantitativen, sondern durch ständig weiterentwickelte Grabungsmethoden und interdisziplinäre Zusammenarbeit mit Naturwissenschaften auch zur qualitativen Verbesserung der Quellensituation bei. So ist heute eine Rekonstruktion des Opfergeschehens ohne die Beiträge von physischer Anthropologie und Archäozoologie nicht vorstellbar. Um jedoch den besonderen Aussagewert der Schriftquellen zu verdeutlichen, werden die wichtigsten literarischen und einige wenige epigraphische Quellen zur keltischen Religion der

Allgemeine Übersicht

Antike als Anhang zusammengestellt. Bewußt wird auf das in der sog. populärwissenschaftlichen Literatur häufig verwendete, ansonsten jedoch als methodisch zweifelhaft angeprangerte Verfahren verzichtet, die literarische Überlieferung durch die archäologischen Funde und Befunde zu illustrieren und umgekehrt die archäologische durch die antiken Texte zu erläutern. Vorgezogen wird vielmehr die Taktik des getrennt Marschierens und vereint Schlagens.

Dieses Buch behandelt nicht alle Aspekte keltischer Religion. Im Mittelpunkt stehen Heiligtümer und Opferwesen. Dabei wird das Heiligtum als eine Kategorie des Kultplatzes aufgefaßt. Den Kultplätzen werden alle Örtlichkeiten zugerechnet, an denen Menschen die Anwesenheit des Göttlichen, das Numinose, zu erkennen glauben und durch Opfer versuchen, auf die Gottheit einzuwirken. Heiligtümer sind bewußt architektonisch gestaltete Kultplätze mit Temenos und Tempel sowie Einrichtungen zur Durchführung des Opfers wie Altäre oder Opfergruben. Nach dieser wegen der fließenden Übergänge und der Problematik archäologischer Nachweisbarkeit des Religiösen eher pragmatischen als inhaltlichen Definition ist etwa das Felsentor von Egesheim (S. 51 ff.) ein Kultplatz, Gournay-sur-Aronde (S. 56 ff.) ein Heiligtum.

Die Beiträge dieses Buches machen insbesondere die Erfolge archäologischer Forschung zu Hei-

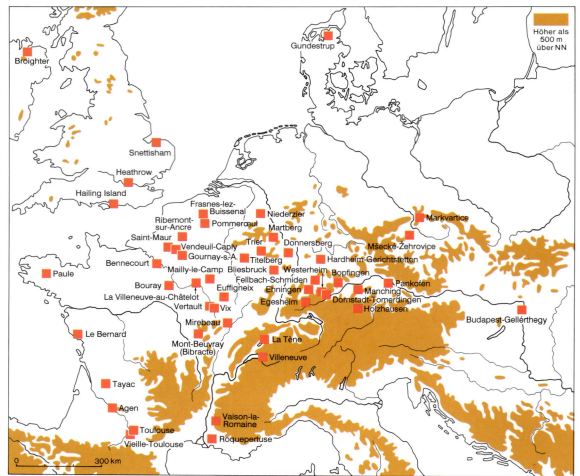

1 Karte des spätkeltischen Kulturraums mit Eintragung der im Text genannten wichtigsten Fundorte.

ligtümern und Opferkulten der Kelten augenscheinlich. In Rekonstruktionen haben wir versucht, die Ergebnisse verstehbar zu machen. Erkennbar werden aber auch die Irrwege der Forschung und Fehlinterpretationen. Sie warnen vor Selbstüberschätzung und verdeutlichen, daß neue Grabungen und neu eingebrachte Ideen unseren aktuellen Wissensstand sehr schnell alt aussehen lassen können.

Griechische und römische Autoren über die Religion der Kelten

Die Zahl der Textstellen mit Informationen über Aspekte keltischer Religion ist zumindest auf den ersten Blick erstaunlich groß. Bei genauerem Hinsehen, und dies haben Altphilologen, Althistoriker, Religionswissenschaftler und Keltologen seit nunmehr fast zwei Jahrhunderten getan, wird jedoch deutlich, daß nur wenige Autoren gründlich recherchiert haben, daß ein Autor die Schriften des anderen kräftig abgeschöpft hat, teils mit, öfter ohne Angabe der Quelle, daß häufig Vorurteile und als unumstößlich geltende Lehrmeinungen die Feder bei der Charakterisierung der barbarischen Völker im circummediterranen Raum geführt haben. Über Jahrhunderte wurden zudem die Völker des nordalpinen Europas wegen ihres Drangs zum Mittelmeer als Bedrohung empfunden, was keineswegs Objektivität förderte.

Der beste Kenner keltischer Kultur der Zeit vor dem Gallischen Krieg (58–50 v. Chr.) war zweifellos Poseidonios von Apameia. Er bereiste in den neunziger Jahren des letzten Jahrhunderts v. Chr. von Massilia (Marseille) aus den Süden Galliens, er kannte Gallier persönlich, unterhielt sich mit alt eingesessenen massiliotischen Familien, mit Kaufleuten und römischen Militärs. Auch wenn sein Werk keineswegs frei von topischen Passagen ist, so hat er doch wie kein anderer Autor seiner Zeit die Kunst beherrscht, das Wesentliche des Charakters eines Volkes, seines Brauchtums, seiner Religion zu erfassen und mit Detailkenntnis in seinem Wahrheitsgehalt zu unterstreichen. Mehrere Bücher seiner Historien

waren der Geschichte und Kultur Galliens und den Völkern des Nordens gewidmet. Sie sind wie viele Werke der Antike nicht erhalten. In mühseliger Detektivarbeit ist es der Forschung gelungen, die Historien des Poseidonios partiell zu rekonstruieren, indem in den Werken jüngerer Autoren die Passagen ausfindig gemacht wurden, die auf Poseidonios zurückgehen. Diodor und Athenaeus nennen Poseidonios als ihren Gewährsmann, bei anderen wie Strabon, Livius und Pompejus Trogus konnte sicher nachgewiesen werden, daß sie die Historien kräftig abgeschöpft haben. Diskutiert wird zumindest auch, ob nicht die berühmte Lucanusstelle mit Nennung der keltischen Namen keltischer Gottheiten auf Poseidonios zurückgeht. Nicht eindeutig klären läßt sich, inwieweit der nur wenige Jahrzehnte jüngere C. J. Caesar die Historien des Poseidonios für seine ethnographischen Exkurse in den Commentarii de bello Gallico und somit auch für seine Berichte über die Druiden, gallische Gottheiten und religiöse Opfer genutzt hat. Man ist sich zwar einig, daß er die Historien kannte, die jüngere althistorische Forschung betont jedoch ausdrücklich, daß Caesar auf Eigenständigkeit, auf eigene Beobachtungen großen Wert legte. Selbst wenn man berücksichtigt, daß Caesars Kriegsberichte durch seine Absicht, den Senat und das Volk in Rom von der Notwendigkeit der Eroberung Galliens zu überzeugen, tendenziös geprägt sind, so besteht kein Zweifel, daß Caesar nach Poseidonios unser wichtigster Gewährsmann der keltischen Religion ist.

Es kann nun keineswegs Aufgabe dieser Übersicht sein, alle antiken Zeugnisse zur keltischen Religion zu analysieren, das Für und Wider unterschiedlicher Forschungsmeinungen zu diskutieren; vielmehr wird versucht, das auf den Schriftquellen basierende Wissen über Gottheiten, Priester, Kultstätten und religiöses Opfer der Kelten zusammenzufassen. Die Lebensdaten von Poseidonios (ca. 135–51 v. Chr.) und Caesar (100–44 v. Chr.) als Zeit- und Augenzeugen bestimmen den zeitlichen Rahmen, in dem die wichtigsten Zeugnisse Gültigkeit besessen haben. Religiöses Brauchtum wird zwar zu Recht als über lange Zeit tradiert angesehen, dennoch

Allgemeine Übersicht

2   Statuette eines Kriegers mit Schild aus dem Heiligtum von Saint-Maur (Oise), wahrscheinlich die Darstellung eines Kriegsgottes, zusammengesetzt aus 20 Messingblechen, Höhe 50 cm. Um Chr. Geb.

ist es meines Erachtens leichtsinnig, die religiösen Phänomene des 2. und frühen 1. Jahrhunderts v. Chr. auf die Jahrhunderte zuvor der Frühlatène- und Hallstattzeit, das heißt bis ins 7./6. Jahrhundert v. Chr. zurückzuprojizieren. Sowohl im 5. als auch im 3./2. Jahrhundert v. Chr. zeichnen sich tiefgreifende soziale und ökonomische Umwälzungen und Neuorientierungen ab, im 4./3. Jahrhundert werden keltische Völker in Italien, auf dem Balkan und in Kleinasien seßhaft und somit direkte Nachbarn hochkultureller Mittelmeerstaaten. Kaum vorstellbar, daß der soziale und ökonomische Wandel die Religion nicht beeinflußt hat. Gleiches gilt für die Jahrzehnte um Christi Geburt, die geprägt sind durch einen kräftigen Romanisierungsschub, der zwar eindeutig nicht zu einer Übernahme römischer Religion führte, der jedoch trotz mancher nativistischer Reaktionen einen allmählichen Wandel zahlreicher Bräuche und religiöser Überzeugungen einleitete. Ausdrücklich betont werden muß auch, daß sich die literarischen Quellen zwar nicht ausschließlich, aber doch schwerpunktmäßig auf Gallien beziehen. Inwieweit gallische Verhältnisse übertragbar sind auf den riesigen, keltischen Kulturraum der Oppidazivilisation des 2. und 1. Jahrhunderts v. Chr. ist äußerst problematisch. Es zeichnen sich zwar Hinweise auf von Gallien bis in den Donauraum verbreitete Gottheiten ab, was bei der nachweislich hohen Mobilität von Personen und Gruppen in dieser Zeit auch nicht verwundert; weit deutlicher lassen uns jedoch die epigraphischen Quellen des 1. und 2. Jahrhunderts n. Chr. eine Vielzahl lokaler und regionaler Gottheiten erkennen.

Wie nahezu alle gleichzeitigen Religionen war auch die keltische polytheistisch. Caesar hat in seinem berühmten ethnographischen Exkurs über Gallier und Germanen im 6. Buch seiner Commentarii die aus seiner Sicht wichtigsten keltischen Gottheiten genannt und auch ihre Funktionen angedeutet. Mit Rücksicht auf seine Leser in Rom hat er sie ohne Nennung der keltischen Namen mit Göttern des griechisch-römischen Pantheon verglichen und auch identifiziert. Diese Interpretatio romana, bei Poseidonios Interpretatio graeca, hat von vornherein ein wirkliches Verständnis für das Wesen nichtrömischer Gottheiten erschwert, mit Nachwirkungen bis heute.

Als den am tiefsten in Gallien verehrten Gott nennt Caesar Merkur, den Beschützer von Handwerk und Handel. Ohne hierarchische Wertung werden dann Apollo, Mars, Jupiter und Minerva nebeneinandergestellt; Apollo wird als Heilsgott, Jupiter als Himmelsbeherrscher, Mars als Kriegsgott und Minerva als Schutzgöttin von Kunst und Handwerk charakterisiert. Als Urahne aller Gallier nennt Caesar schließlich ohne nähere Charakterisierung Dis pater. Für den römischen Leser war dies ein Hinweis auf die Existenz eines gallischen Gottes des Reichtums und der Unterwelt.

In den erhaltenen Fragmenten des Poseidonios ist meist nur allgemein von Göttern der Gallier die Rede. Nur bei Schilderung eines Mysterienkultes der Samniter auf einer Atlantikinsel wird die verehrte Gottheit als Dionysos charakterisiert.

Der älteste erhaltene literarische Hinweis auf die tatsächlichen Namen gallisch-keltischer Gottheiten findet sich in einem ein Jahrhundert nach Caesars Commentarii entstandenen Epos des Lukan. Er schildert uns Teutates, Esus und Taranis als blutrünstige, Menschenopfer fordernde Götter. Lukan hat sein Wissen sicher aus älteren Quellen geschöpft. Umstritten ist jedoch, ob er diese drei unter einer Vielzahl gallischer Götter wegen ihrer besonderen Bedeutung im keltischen Pantheon oder nur wegen des grausamen Opferbrauchtums ausgewählt hat.

Die Verbreitung inschriftlicher Belege des 1. bis 3. Jahrhunderts n. Chr. für Teutates erstreckt sich von Gallien über Britannien, Italien, Österreich bis nach Ungarn. Kein Zweifel somit, daß Teutates zu den pankeltischen Gottheiten gehört hat. Eine Altarinschrift des 3. Jahrhunderts n. Chr., die in Gellérthegy bei Budapest, einem wichtigen Oppidum der keltischen Taurisker, gefunden wurde, identifiziert Teutates mit Jupiter. In anderen Inschriften und auch in literarischen Quellen, so in den spätantiken Kommentaren (den sog. Berner Scholien) zu Lukan, erfolgt jedoch eine Gleichsetzung mit Mars und Merkur.

Taranis kann mit großer Sicherheit etymologisch als Donnergott bestimmt werden, was im Sinne der caesarischen Interpretatio romana dem Himmelsbeherrscher Jupiter entspricht. Auch die Berner Scholien identifizieren Taranis mit Jupiter, gleiches gilt für Inschriften aus Gallien und Britannien. Dargestellt wird Jupiter-Taranis mit Blitzbündel oder dem Rad als Attribut.

Weit problematischer ist Esus zu beurteilen. Nur einmal wird er auf dem berühmten Denkmal der Nautae Parisiaci, der Schiffer von Paris, inschriftlich erwähnt. Dargestellt ist er als baum-

3 Der Silberkessel von Gundestrup (Dänemark). Der Kessel ist wahrscheinlich im 1. Jahrhundert v. Chr. in Gallien hergestellt worden.

fällender oder baumentastender Gott zusammen mit einer Stiergottheit und drei Kranichen, eine mythologische Bildkomposition, wie sie auch von einem Denkmal aus Trier bekannt ist, deren Sinngehalt uns jedoch verborgen bleibt. In den Berner Scholien wird Esus einmal mit Mars und dann wieder mit Merkur gleichgesetzt, was jedoch zu einer genaueren Charakterisierung nicht weiterhilft.

Gleichfalls auf dem Denkmal der Nautae Parisiaci und wie Esus nur hier wird der Hirschgott Cernunnos genannt. Dargestellt ist er als sitzender Gott mit spitzen Cervidenohren und einem Geweih, in das beidseitig je ein großer Torques eingehängt ist. Mit Cernunnos identifiziert wird auch einer der Götter auf dem Kessel von Gundestrup. Den Kopf des menschengestaltigen, sitzenden Gottes schmückt ein prächtiges Hirschgeweih; in der rechten Hand hält er einen Torques, die linke umfaßt eine Schlange.

Nur über Ortsnamen – der bekannteste ist Lugdunum (Lyon) – und eine umstrittene Inschrift aus Spanien kann ein wahrscheinlich pankeltischer Gott Lug erschlossen werden. Als Lugh mac Ethnenn lernen wir ihn in der irischen Mythologie des frühen Mittelalters kennen. Möglicherweise hat Caesar Lug gemeint, wenn er vom gallischen Merkur berichtet.

Allgemeine Übersicht

4 Silberkessel von Gundestrup. Der Gott Cernunnos mit Geweih und Hirsch, in der Rechten einen Torques und in der Linken eine Schlange haltend. Nach Steenstrup 1895.

Die Namen zahlreicher weiterer keltischer Götter sind uns inschriftlich aus römischer Zeit überliefert. Neben den bekanntesten wie Belenus, Grannus, Interabus, Iovantucarus, Lenus oder Sucellus, mit regionaler oder überregionaler Verbreitung, sind eine Vielzahl von Göttern nur ein- oder zweimal belegt, so daß sie wahrscheinlich nur lokale Bedeutung besessen haben. Sie werden häufig in Form von Doppelnamen (z. B. Lenus-Mars) mit Apollo, Mars, Merkur oder auch Jupiter identifiziert. Sofern ihre Funktion aus den Inschriften erschlossen werden kann, waren sie in römischer Zeit ganz allgemein Schutz- und Heilgötter, manchmal zuständig für bestimmte gesellschaftliche Gruppen (z. B. Berufsgenossenschaften), aber auch für Orte, Gaue oder Stämme. Eine Identifizierung mit Mars bedeutet selbst dann, wenn der Gott als Krieger dargestellt ist, nicht, daß im Sinne Caesars nur der Lenker der Kriege gemeint ist. Der keltische Mars gewährte der Gemeinschaft, dem Stamm Schutz vor Krieg und Tod, in römischer Zeit tritt die Schutzfunktion so stark in das Bewußtsein der Menschen, daß er sich zum Heilgott wandelt, der bei schwerer Erkrankung um Hilfe angerufen wird.

Unser Wissen über die weiblichen Gottheiten der Kelten ist weit geringer. Als einzige keltische Göttin nennt Caesar Minerva, die Beschützerin und Lehrerin der Künste und des Handwerks. Die epigraphische Überlieferung, die in Südgallien schon im 1. Jahrhundert v. Chr. einsetzt, vor allem jedoch auf zahlreichen Weihinschriften des 1.–3. Jahrhunderts n. Chr. basiert, kennt ähnlich wie bei den männlichen eine Vielzahl keltischer Namen weiblicher Gottheiten. Manche, wie etwa Belisama oder Sulis, werden mit Minerva in Form von Doppelnamen identifiziert. Überregionale Bedeutung hatten Epona als Schutzgöttin der Pferde, der Fuhrleute, Ställe und auch der Kavallerie, Sirona und Rosmerta als Heil- und Quellgöttinnen. Stellvertretend für viele vergleichbare Göttinnen sei Sequana genannt; ihr Name ist identisch mit dem des Flusses Sequana (Seine); in ihrem Heiligtum an den Seinequellen wurde sie als Heilbringerin bei schwerer Erkrankung verehrt. Weite Verbreitung hatte in römischer Zeit der Kult der Matres und Matronen, die häufig keltische Beinamen trugen. Inschriften und Attribute weisen sie als Schutzgöttinnen der Frauen und Kinder, als Spenderinnen von Fruchtbarkeit, von reicher

Griechische und römische Autoren über die Religion der Kelten

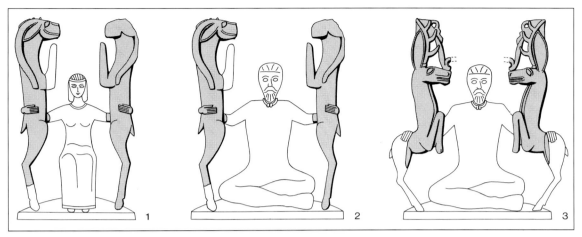

5 Rekonstruktionsversuche der Kultbilder von Fellbach-Schmiden (S. 92 ff.) mit weiblicher bzw. männlicher Gottheit zwischen Tieren. Nach Pittioni 1981, S. 344.

Ernte aus. Die Forschung geht davon aus, daß sich hinter dieser Vielzahl und Vielfalt weiblicher Gottheiten mit keltischen Namen auf ursprünglich keltischem Siedlungsgebiet nur einige wenige vorrömisch-keltische Göttinnen oder sogar nur eine Mutter- und Fruchtbarkeitsgottheit verbergen.

Weit schlechter als über das Pantheon sind wir über die Inhalte keltischer Religion und die Mythologie unterrichtet. Eine der Hauptursachen ist sicher das von Caesar ausdrücklich erwähnte Verbot, die Lehre der Druiden schriftlich zu fixieren. Dieses Verbot hat wesentlich zu einer Mystifizierung des Druidenwissens beigetragen und gleichzeitig Spekulationen Tür und Tor geöffnet. Ohne Kenntnis der religiösen Inhalte, des Wesens der Gottheiten, der Mythologie, werden alle Versuche, die reiche Symbolsprache der keltischen Kunst, der keltischen Numismatik zu verstehen, nur tastende Annäherung bleiben. Glückliche Entdeckungen, wie etwa der im 1. oder 2. Jahrhundert n. Chr. in gallischer Sprache und lateinischer Schrift verfaßte Kalender von Coligny, sind zwar wichtige Zeugnisse ausgezeichneter astronomischer Kenntnisse der Druiden, der alle Lebensbereiche und den gesamten Jahreszyklus prägenden Magie, bleiben aber wie fast alle literarischen Quellen an der Oberfläche.

Über Äußerlichkeiten des religiösen Erscheinungsbilds hinausgehend sind vor allem zwei Textstellen bei Poseidonios und Caesar. Beide berichten übereinstimmend, daß die Gallier zutiefst von der Unsterblichkeit der Seele überzeugt seien, auch vom Glauben der Wiederkehr der Seele in einem anderen Leib; Poseidonios beschreibt zudem den Brauch, durch das Verbrennen von an Verstorbene gerichtete Botschaften mit diesen Kontakt aufnehmen zu können. Caesar hat den Unsterblichkeitsglauben als wesentlichen Bestandteil der Druidenlehre bezeichnet und hier die Ursache für die von vielen antiken Autoren teils bewunderte, teils als barbarisch tollkühn verurteilte Kriegswut und Todesverachtung der keltischen Krieger gesehen. Poseidonios hat den Unsterblichkeitsglauben und die Seelenwanderung der Gallier seinen griechischen und römischen Lesern dadurch näher erläutert, daß er feststellt, bei den Galliern herrsche die Lehre des Pythagoras. Die pythagoreische Lehre kannte in der Tat die Unsterblichkeit der Seele und ihre Wiedergeburt je nach Lebensführung in Mensch oder Tier. Auch hatte Pythagoras selbst noch eine schriftliche Fixierung seiner Lehre verboten, spielten Mathematik als Basis der Astronomie für das Verständnis des Universums eine herausragende Rolle, wurde das Weltgeschehen als beherrscht durch den Dualismus

15

Allgemeine Übersicht

von Gut und Böse, von Hell und Dunkel verstanden. Gemeinsamkeiten, wie sie hier bei Pythagoreern und in der Lehre der Druiden erkennbar werden, müssen jedoch nicht auf einen direkten Einfluß zurückgehen. Ähnliche Leitgedanken sind in vielen Religionen nachweisbar. Weit wahrscheinlicher ist, daß wir es mit gleichen oder ähnlichen religiösen Inhalten zu tun haben, die einerseits Poseidonios diesen Vergleich aufdrängten, andererseits jedoch auch die Komplexität der Druidenlehre belegen. Sicher nicht unbedacht verwendet Poseidonios die Kennzeichnung Druide und Philosoph synonym. Mit einem bewundernden Unterton schildert auch Caesar die Druiden als gelehrte Männer, die sich mit den Gestirnen und ihren Bewegungen beschäftigen, über Größe von Erde und Welt, über die Natur und die Macht und das Tun der Götter nachdenken.

Die keltische Religion, wie Poseidonios und Caesar sie kennenlernten, war eine von den Druiden geprägte und beherrschte Religion. Poseidonios spricht von den Druiden als Philosophen und Gottesgelehrten. Caesar berichtet von einer hierarchisch gegliederten Priesterschaft, hervorgegangen aus und zugehörig dem Adel. Als Priester mit speziellen Aufgaben im Kult sind auch die Vates und Gutuater zu verstehen; erstere waren für die Weissagungen, für die Zukunftsprognostik zuständig, letztere sind als Anrufer der Gottheit beim Vollzug des Opfers zu interpretieren. Die Druiden vollzogen die Opfer, bestimmten mit über Krieg und Frieden, waren an der Gesetzgebung beteiligt und sprachen Recht. Damit hatten sie großen Einfluß auf den einzelnen und die Gemeinschaft. Als besonders wirkungsvolles Disziplinierungsmittel beschreibt Caesar den religiösen Bann. Der vom Bann Getroffene war aus der Gemeinschaft ausgestoßen. Die Beteiligung der Druiden an der Ausbildung auch der nichtdruidischen Jugend sicherte weiteren gesellschaftlichen Einfluß. Die lange Ausbildungszeit des Druidennachwuchses – Caesar berichtet von bis zu 20 Jahren – und die gleichfalls von Caesar überlieferten jährlichen Druidentreffen der gallischen Stämme im Carnutenland, dürften dazu beigetragen haben, die

religiösen Inhalte nicht nur weiterzuentwickeln, sondern auch zu kanonisieren.

Neben der vom Nimbus einer Geheimreligion geprägten Druidenlehre gab es zweifellos einen schlichten Volksglauben, der versuchte, mit Magie und Vertrauen in Amulette und Opfer die Nöte des Alltags, Krankheit und Tod zu bewältigen. Eindrucksvoll hat L. Pauli in seinem Buch über den keltischen Volksglauben diesen Bereich religiösen Lebens, wie er für alle institutionalisierten Religionen typisch ist, verdeutlicht.

Kultstätten, Heiligtümer, Tempel der Kelten werden in den Schriftquellen in unterschiedlichsten Zusammenhängen erwähnt, jedoch an keiner Stelle näher beschrieben. So berichtet Poseidonios mehrmals von heiligen Plätzen, von Heiligtümern und Tempeln der Götter, aber auch von heiligen Teichen, in denen Gold und Silber geopfert werde. Bei Beschreibung der Fraueninsel der Samnitinnen an der Atlantikküste erwähnt er das Dach eines Kultgebäudes, das jährlich rituell erneuert werde.

Caesar verwendet mehrmals den sehr allgemeinen, aber umfassenden Begriff »locus consecratus«. An diesen heiligen, geweihten Orten werden Opfer dargebracht, wird Recht gesprochen, finden die Druidentreffen statt.

Plinius der Ältere berichtet, daß die Druiden Eichenhaine besonders pflegten, da der Eichenlaubschmuck besonders wichtig für die Opfer sei; auch die auf Eichen wachsenden Misteln seien heilig und heilend. Von Eichenhainen als heilige Plätze wußten auch Lukan und Tacitus.

Überliefert ist auch der keltische Begriff für Kultstätte, Heiligtum. So heißt es in einer berühmten, in gallischer Sprache und griechischer Schrift verfaßten Weiheinschrift aus Vaison-la-Romaine in der Provence, daß ein Segomaros der Göttin Belisama ein »nemeton«, ein Heiligtum, gestiftet habe. In Spanien, Gallien, Britannien und Galizien sind Ortsnamen überliefert, die den Begriff Nemeton beinhalten. Ein Drunemeton erwähnt Strabon als Versammlungs- und Rechtsprechungsort der Galater in Kleinasien. Schließlich kann aus frühmittelalterlichen Quellen erschlossen werden, daß mit nemet (d)

16

Griechische und römische Autoren über die Religion der Kelten

6 Gott mit Leier und Torques, wahrscheinlich in der für keltische Gottheiten typischen Schneidersitzhaltung (S. 26 u. 77), gefunden 1988 im Graben der aufwendig befestigten Siedlung von Paule (Côtes d'Armor) in der Bretagne. Glimmerschiefer, erhaltene Höhe 42 cm. Um 100 v. Chr. Schlaglichtartig verdeutlicht diese Neuentdeckung eines bisher unbekannten Gottes mit der Leier als Attribut unser fragmentarisches Wissen über das keltische Pantheon.

heilige Plätze, auch Kapellen bezeichnet wurden. Als Oberbegriff für die Vielzahl keltischer Kultplatzformen ist somit Nemeton durchaus geeignet.

Wenig ergiebig sind die Berichte antiker Autoren über die bildlichen Darstellungen keltischer Gottheiten. Mercurius seien in Gallien die meisten Bildsäulen oder Statuen geweiht gewesen, so Caesar. Lukan schildert die besondere Häßlichkeit von Götterstatuen aus Holz in einem heiligen Hain im Süden Galliens. Wir werden sehen, welch vielfältige Vorstellung die archäologische Überlieferung übermittelt. Diese Hinweise stellen jedoch klar, daß in der Spätzeit kontinentaler keltischer Kultur es durchaus üblich war, Statuen der Gottheiten in Heiligtümern aufzustellen.

Ausführlich, wenn auch immer wieder tendenziös die grausamen Praktiken des Menschenopfers und damit das Spektakuläre zuungunsten des aus griechischer oder römischer Sicht Akzeptablen in den Vordergrund stellend, informieren die Schriftquellen über die Bedeutung des religiösen Opfers der Kelten.

Das religiöse Opfer war nicht nur wesentlicher Bestandteil nahezu aller antiken Religionen. Weltweit und für alle Zeiten und Kulturen gültig sind im Opfer Gemeinsamkeiten in den zugrundeliegenden Ideen und in den Praktiken nachweisbar. Indem der Mensch opfert, glaubt er Mittel und Wege zu finden, in die göttliche Sphäre vorzudringen, mit der Gottheit zu kommunizieren, sie nach dem Grundprinzip des »do ut des« (ich gebe, damit du mir gibst) beeinflussen, ja manipulieren zu können. Im Verzicht auf wertvolles Gut, indem die Gottheit beteiligt wird an den schönen, lebenswerten Seiten menschlichen Lebens, wird das Opfer zur Steigerung und zur sinnlich nachvollziehbaren Ausdrucksform des Gebets. Das Opfer stellt den immer wieder neue Ausdrucksformen findenden Versuch des Menschen dar, existentielle Not zu überwinden, das Bedürfnis nach Gesundheit, Fruchtbarkeit, Glück und Erfolg in allen Lebensbereichen bis hin zum Krieg, auf den einzelnen und die Gemeinschaft bezogen, zu befriedigen. Häufig geht dem Opfer ein Gelübde (ex voto) voraus. Wird es von der Gottheit erfüllt, erfolgt der Dank durch das Opfer, durch das Geschenk (Votivgabe). Tief verwurzelt und weit verbreitet ist auch die Überzeugung, daß schwere Vergehen nur durch Opfer gesühnt werden können. Ebenso vielgestaltig wie die Opferanlässe sind die Opfergaben. Im blutigen Opfer werden Tier und Mensch getötet, im unblutigen Opfer Speise und Trank in Form von Getreide, Früchten,

17

Allgemeine Übersicht

Brot oder Kuchen, Milch und Wein darge-
bracht, häufig mit der Gottheit im Opfermahl
geteilt. Aber auch existentiell wichtige, häufig
mit hohem Symbolwert behaftete Objekte wie
Waffen, Arbeitsgeräte, wertvolle Gefäße,
Schmuckstücke und Münzen werden geopfert.
Nahezu alle Weihegaben können ersetzt, substi-
tuiert werden. Modelle aus unterschiedlichsten
Materialien, Miniaturausführungen, bildliche
Darstellungen übernehmen die Funktion des
Originals.

Für den einzelnen wie für die Gemeinschaft sinnlich erfahrbar wird das Opfer durch den Ritus.
Es sind Akte des Vernichtens, Zerstörens und
Unbrauchbarmachens wie Töten, Verbrennen,
der Verwesung überlassen, Zerbrechen, Verbiegen, Zerhacken, Verschütten, Zerstreuen, un-
wiederbringlich Vergraben und im Wasser Versenken, die den Transfer der Opfergabe zur
Gottheit ermöglichen. Das mit dem Opfer häufig verbundene Gemeinschaftserlebnis findet seinen Ausdruck im Mahl, aber auch im feierlichen
Umzug, im Tanz und Gesang.

Objektopfer der Kelten werden in den Schriftquellen nur am Rande erwähnt. So erfahren wir
von Poseidonios, daß die Gallier Gold in ihren
Heiligtümern verstreuen und aufbewahren, aber
auch in Seen oder Teichen versenken. Genannt
werden Gold- und Silberbarren; ob Gold als
Sammelbegriff für wertvollen Schmuck oder
auch Münzen zu verstehen ist, ist nicht klar ersichtlich. Nur einmal, und zwar bei Pompejus
Trogus (überliefert bei Justinus), wird als Opfergabe ganz konkret ein Schmuckstück genannt.
Als dem Gallierkönig Catumandurus während
einer Belagerung Massilias eine Göttin erscheint
und er sie in einer Statue der massiliotischen
Athena/Minerva wiedererkennt, opfert er ihr
einen Goldtorques und verzichtet auf den An-
griff.

Besonders eindeutig sind die Berichte über die
Kriegsbeute als Opfer. So weiß Livius von den in
einer Schlacht siegreichen Boiern, daß sie die
Rüstung und den Kopf des getöteten römischen
Feldherrn in ihren Tempel brachten. Bei Cha-
rakterisierung des gallischen Mars schreibt
Caesar: »Mars regiert den Krieg. Ihm geloben sie

(die Gallier) beim Beschluß einer Entscheidungsschlacht zumeist die Kriegsbeute; nach
dem Sieg opfern sie alle Beutetiere und tragen
den Rest an einem Ort zusammen. Bei vielen
Stämmen kann man ganze Hügel solcher Opfergaben an heiligen Stätten sehen.« Auch wenn
Caesar nicht ausdrücklich die Waffen des Geg-
ners erwähnt, so waren sie doch zweifellos Teil
der Kriegsbeute und damit des Opferguts.

Poseidonios und Caesar berichten übereinstimmend, wie sehr die Gallier, trotz ihrer ansonsten
sprichwörtlichen Habsucht, die im Heiligtum
gehorteten Opfergaben respektierten. Nicht so
Caesar selbst. Zumindest beschuldigt Sueton
den Imperator, er habe in Gallien die Heiligtümer und Tempel ausgeraubt.

In Zusammenhang mit Kriegsbeute nur schwer
zu verstehen ist schließlich eine Textstelle im
Gallierexkurs des Polybios. Er berichtet, die
Gallier hätten nach einer Schlacht einen Teil der
erbeuteten und der eigenen Waffen zerstört und
begründet dieses für ihn unverständliche Tun
mit der für die Gallier üblichen Trunksucht.
J.-L. Brunaux hält es für möglich, daß diesem
Bericht die Beobachtung der archäologisch so
gut überlieferten rituellen Zerstörung von Waffen zugrundeliegt.

Kaum Erwähnung findet in den literarischen
Texten das Tieropfer. Es war eine Selbstver-
ständlichkeit und damit nicht erwähnenswert.
Wir erfahren bei Poseidonios und Caesar von
geopferten Beutetieren. Nur Plinius der Ältere
hat ein Tieropfer beschrieben: »Wenn sie nach
ihrem Brauch Opfer und Mahl gerichtet haben,
führen sie zwei weiße Stiere herbei, deren Hörner sie bekränzen. Dann besteigt ein mit weißem
Gewand bekleideter Priester den Baum und
schneidet mit goldener Sichel die Mistelpflanze
ab. . . Daraufhin opfern sie die Stiere und beten,
daß der Gott die Gabe glückbringend machen
möge. . .«

Als keineswegs selbstverständlich, vielmehr als
abstoßend, grausam und unzivilisiert empfan-
den Griechen und Römer hellenistischer Zeit das
Töten von Menschen aus religiösen Motiven.
Auch wenn die Erinnerung an Menschenopfer in
den Mythen fortlebte, so war man doch über-

zeugt, daß die Götter keine Menschenleben forderten. Auch das Tieropfer war in Frage gestellt; außer im Christentum konnte sich jedoch der generelle Verzicht auf das blutige Opfer nicht durchsetzen. Dabei muß man sich bewußt sein, daß der Opfertod Christi ideologisch auf das Menschenopfer zurückzuführen ist. Durch das Selbstopfer Gottes hatte das Menschenopfer jedoch endgültig seinen Sinn verloren.

Das in der Tat entsetzliche Brauchtum keltischer Religion wird von den Autoren ausführlich und detailliert geschildert. Poseidonios berichtet von riesigen Scheiterhaufen, auf denen über Jahre gefangengehaltene und zuvor gefolterte Übeltäter und Kriegsgefangene verbrannt wurden. Er beschreibt, daß Wahrsager Menschen durch einen Schwertstoß töten und in der Art des Stürzens, der Zuckungen der Glieder und dem Lauf des Blutes die Zukunft erkennen. Wir erfahren vom Tod der Frau, die bei der jährlichen Erneuerung des Tempeldaches auf der Insel der Samnitinnen ihr Materialbündel fallen lasse, daß sie von den anderen Frauen zerrissen und in ekstatischer Prozession um den Tempel getragen werde. Die als Opfer ausersehene Frau werde durch einen Stoß absichtlich zu Fall gebracht. Über die Hintergründe dieses Rituals schweigt Poseidonios. Religionswissenschaftler vermuten, daß die Feier der Erneuerung des Tempeldaches einen jahreszeitlich bedingten Neubeginn symbolisiere, der durch den Tod eines Menschen erst zum Tragen komme. Daß neues Leben durch Tod, durch Vernichtung gefördert werde, ist ein in vielen Religionen nachweisbarer Gedanke.

Auch Caesar berichtet von Menschenopfern der Kelten bei schwerer Krankheit, Krieg oder Gefahr. Der Vollzug der privaten und staatlichen Menschenopfer war Aufgabe der Druiden. Als Opfer seien Rechtsbrecher den Göttern besonders willkommen, aber auch Unschuldige treffe dieses Schicksal. Wie kein anderer antiker Autor hat Caesar die Motivation des Menschenopfers in einem Satz erfaßt: »Sie (die Gallier) meinen, die unsterblichen Götter könnten nur besänftigt werden, wenn man für das Leben eines Menschen wiederum Menschenleben darbringe.«

Die Versöhnung und damit die Anbetung der

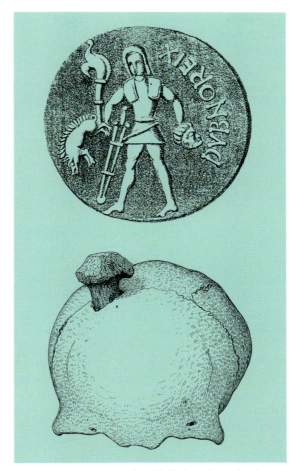

7 Zwei Zeugnisse des Schädelkults: oben eine keltische Münze des Haeduerfürsten Dubnorix (wahrscheinlich identisch mit Dumnorix, einem der Hauptwidersacher Caesars im Gallischen Krieg). Dargestellt ist ein Krieger mit Schwert, Trompete und Eberfeldzeichen sowie einem „tête coupée" in der linken Hand. Unten: Eine in der Saône entdeckte Schädelkalotte mit Befestigungsnagel. Nach Goudineau, César et la Gaule S. 35 und 93.

Gottheit durch Töten von Menschen ist auch Thema des Kommentars der Berner Scholien zu Lukans Schilderung von Taranis, Teutates und Esus. Geopfert wird durch Ertränken in einem Bottich, durch Aufhängen in einem Baum, durch Verbrennen in einer hölzernen Mulde.

Weit verbreitet wie das Menschenopfer war auch in den Jahrhunderten vor unserer Zeitrechnung der Schädelkult. Poseidonios hat in Gallien vie-

Allgemeine Übersicht

lerorts die einbalsamierten, an Türrahmen ange-
nagelten, in Truhen aufbewahrten und am Pfer-
dehals angehängten Köpfe besiegter Feinde kennengelernt. Er berichtet vom Stolz der Besitzer,
von der besonderen Wertschätzung dieser Trophäen. Auch wenn der religiöse Hintergrund
nicht ausdrücklich erwähnt wird, so dürfte sich
hinter diesem, auch für Skythen und Thraker
überlieferten Brauch mehr als nur Trophäenjagd
verbergen. Daß Taranis in seiner Funktion als
Kriegsgott mit Menschenköpfen versöhnt werden könne, darüber berichten die Berner Scholien.

Die archäologische Überlieferung

Felix Müller hat knapp und treffend die Problematik dargestellt, mit der jeder Archäologe kon-
frontiert wird, wenn er sich mit Religion beschäftigt: »Was bei archäologischen Grabungen
an Religiösem zutage gebracht wird, ist äußerst
karg, spröde und überhaupt nur sehr schwierig
als solches zu erkennen und zu deuten. Was bei
der Behandlung anderer Fundgattungen, wie
etwa Siedlungen oder auch Gräber, in geringe-
rem Maße ins Gewicht fällt, wird beim Thema
Religion und Kult zu einem eigentlichen er-
kenntnistheoretischen Problem: Wie läßt sich die
Spur von etwas auffinden, das man selber gar
nicht kennt? Fest steht, daß wir die Dinge nur im
Kontext unserer eigenen Ideen und Denksche-
mata, die ihrerseits geprägt sind von christlich
abendländischer Kulturtradition, zu verstehen
vermögen. Dies gilt insbesondere für das ganze
Begriffsvokabular (wie z. B. Kult, Opfer, Religion), welches eher als der Kommunikation dienendes Behelfsvehikel zu verstehen ist denn als
die präzise Umschreibung eines genau definierten vorgeschichtlichen Sachverhalts« (Das keltische Jahrtausend [Mainz 1993] S. 177). F. Müller
fordert die Erarbeitung einer Phänomenologie
des Sakralen von archäologischen Funden und
Befunden.
Traditionell wird in einem ersten Schritt das
»Sakrale« negativ definiert. Das, was bei Ausgrabung einer Siedlung als *nicht* siedlungstypisch in

Baustruktur oder Zusammensetzung des Fund-
spektrums erkannt wird, was bei Analyse von
Depotfunden *nicht* als Versteckfund, bei Gewäs-
serfunden *nicht* als verlorenes Gut oder unfall-
verursacht gewertet werden kann, wird als potentiell sakral interpretiert. Im Vergleich mit
durch Schriftquellen und ethnologischen Quellen gesichertem »Sakralen« und der Erkenntnis
der vergleichenden Religionswissenschaft, daß
es menschentypische religiöse Ausdrucksformen gibt, gewinnt dieser sehr pragmatische Er-
kenntnisweg an Überzeugungskraft.
Der Archäologie ist es gelungen, eine Vielzahl
von Kultplätzen unterschiedlichster Ausprägung ausfindig zu machen, die nicht im Sinne
unserer Definition (S. 10) als Heiligtümer bestimmt werden können. Es sind Plätze des ein-
maligen oder des über lange Zeiträume, oft Jahrhunderte, manchmal Jahrtausende, sich wieder-
holenden Opfergeschehens. Brandopferplätze,
Höhlen, Gewässer und Moore als Orte des Ver-
brennens, Verbergens, Versenkens, Vergrabens
und somit Opferns von wertvollem Gut haben
lange vor, aber auch gleichzeitig neben den hier
vorgestellten Heiligtümern existiert. Sie belegen
aus archäologischer Sicht, und somit die Schriftquellen bestätigend und ergänzend, daß dem
Opfer eine allen Religionen gemeinsame Idee zugrundeliegt, die weit bis in die Bronze- und
Steinzeit zurückverfolgt werden kann.
Im Mittelpunkt unserer Übersicht stehen die
Heiligtümer und die in ihnen praktizierten Opfer. Dabei zeichnen sich beim derzeitigen Forschungsstand zwischen West- und Mitteleuropa
beträchtliche Unterschiede ab. Die französische
Forschung konzentriert sich seit knapp zwei
Jahrzehnten auf die Heiligtümer vom gallischen
Typ (n. Brunaux type picard), die deutsche und
tschechische Forschung beschäftigt sich seit vielen Jahrzehnten vorrangig mit den Viereckschanzen als spätkeltischen Heiligtümern. Da erstere viel zum Verständnis letzterer beitragen
können, werden beide Forschungsschwer-
punkte getrennt dargestellt.
Noch in den Kinderschuhen der Forschung
steckt die Frage nach dem Erscheinungsbild und
der Bedeutung der Heiligtümer in den keltischen

Die archäologische Überlieferung – Die gallischen Heiligtümer

8 Prunkhelm des. 4./3. Jahrhunderts v. Chr. aus Eisen, Bronze, Email und Gold von Amfreville-sous-les Monts (Eure), gefunden in einem Seitenarm der Seine, Dm. 23 x 16 cm. Helmopfer sind aus Gewässern, Höhlen, Heiligtümern und Opferbrunnen bekannt.

9 Eisernes Knollenknaufschwert, Länge 86 cm, aus der Saône bei Chalon-sur Sâone. Mit nur einer Ausnahme stammen alle Schwerter dieses Typs des 2. und 1. Jahrhunderts v. Chr. aus Gewässern. Dem Knollenknaufschwert könnte im Kult eine besondere Rolle zugekommen sein.

Oppida des 2. und 1. Jahrhunderts v. Chr. Gerade deshalb darf diese Problematik nicht ausgeklammert werden. Dies gilt auch für zwei weitere kontrovers diskutierte archäologische Phänomene. Es sind dies die in Heiligtümern oder ihrem nächsten Umfeld angetroffenen Schächte sowie die weit in Mittel- und vor allem Westeuropa verbreiteten Edelmetall-Ringhorte spätkeltischer Zeit.

Die gallischen Heiligtümer

Die größten Erfolge der letzten Jahrzehnte in der Erforschung keltischer Heiligtümer sind französischen Archäologen zu verdanken. Dabei kommt Gournay-sur-Aronde eine Schlüsselstellung zu. Der hier angetroffene Reichtum an Befunden und Funden und die Fülle der Interpretationsmöglichkeiten haben zu einem wahren Boom in der Heiligtumforschung geführt, und, ähnlich wie die Entdeckung des keltischen Fürstengrabes von Hochdorf in Baden-Württemberg, der archäologischen Forschung in Frankreich insgesamt neue Impulse gegeben.

Die Funktionsbestimmung der komplexen eisenzeitlichen Strukturen und des meist überaus reichen Fundguts wurde in Gournay und andernorts dadurch erleichtert, daß sie im unmittelbaren Bereich gallo-römischer Heiligtümer und Tempel angetroffen wurden, deren kultische Funktion und deren Opferpraktiken durch literarische und epigraphische Quellen bekannt sind. Indem es gelang, Kultplatztradition fast regelhaft von der römischen Zeit bis in die Mittel-, vereinzelt Frühlatènezeit, d. h. bis ins 4. Jahrhundert v. Chr. zurückzuverfolgen, waren die Voraussetzungen nicht nur für die Funktionsbestimmung, sondern auch für die Erfassung des

Allgemeine Übersicht

Wandels der architektonischen Ausgestaltung und des Opfergeschehens über Jahrhunderte geschaffen. Wir können als gesichert davon ausgehen, daß, ausgenommen einer Reihe vom römischen Staat vorwiegend in den Städten erbauter Tempel, die Masse der gallo-römischen Umgangstempel mit meist quadratischer, seltener oktogonaler Cella (in der französischen Forschung als fanum bezeichnet) ihren Ursprung in einer vorrömisch-keltischen Tempelanlage hat.

Im linksrheinischen Westdeutschland, das im caesarischen Sinn zu Gallien gehört, müssen wir mit einer entsprechenden Situation rechnen. Spätkeltisches Fundgut, vor allem keltische Münzen und Fibeln in gallo-römischen Heiligtümern, vereinzelt auch partiell erkannte Holzbauten unter Tempeln wie etwa im Altbachtal in Trier, haben seit langem darauf hingewiesen. Jüngst begonnene Ausgrabungen im Rahmen eines Schwerpunktprogramms der Deutschen Forschungsgemeinschaft zum Romanisierungsprozeß werden voraussichtlich auch hier den Forschungsstand schnell verbessern. Die erneute Freilegung des schon im 19. Jahrhundert mehr schlecht als recht ausgegrabenen Tempelbezirks des Lenus-Mars auf dem Martberg (von Mars herzuleiten) bei Pommern-Karden an der Untermosel hat erstmals eindeutige Belege für spätkeltische Kultgebäude in Holzbauweise und eine Kulttradition von über 500 Jahren erbracht.

Gute Erfolge im Nachweis vorrömischer Heiligtümer hat auch die englische Forschung aufzuweisen. Schon kurz nach dem Zweiten Weltkrieg war etwa auf dem Londoner Flugplatz Heathrow der Grundriß eines vorrömisch-spätkeltischen Umgangstempels freigelegt worden, der jedoch in seiner chronologischen Stellung wegen seiner Einmaligkeit immer wieder in Zweifel gezogen wurde. Weit eindeutiger und aussagekräftiger sind die jüngst auf Hayling Island an der südenglischen Küste erzielten Grabungsergebnisse. Hier konnten unter einem freistehenden mächtigen römischen Rundtempel mit einem portikusartigen Umgang als Temenos eine konzeptionell genau entsprechende, mehrphasige Tempelanlage in Holzbauweise

mit großer Opfergrube im Zentrum entdeckt werden, deren Hauptnutzungsphase um die Mitte des 1. Jahrhunderts v. Chr. datiert wird – in eine Zeit, als nordgallische Volksgruppen in Britannien einwanderten, deren Beginn aber noch weiter in die vorrömische Eisenzeit zurückreicht. Die Masse des Fundguts von Hayling Island, darunter die bedeutendste Münzreihe keltischer Edelmetallprägungen aus Britannien, können als mit Objektopfern zusammenhängend interpretiert werden. Besondere Beachtung verdienen zahlreiche Wagen- und Schirrungsbestandteile, die zu spätkeltischen Streitwagen gehört haben dürften, wie Caesar sie in Britannien kennengelernt hat. Wie auch andere Waffen waren die Wagen rituell zerstört im Heiligtum deponiert worden.

Versucht man die Ergebnisse der Heiligtumforschung in Gallien zusammenzufassen, so wird trotz Unterschieden in Größe und Bauweise eine gewisse Regelhaftigkeit in Struktur und Entwicklung erkennbar. Der sakrale Bereich (espace sacré) ist durch eine aus Wall und Graben konstruierte, quadratische oder rechteckige Umfriedung abgesteckt, häufig in Verbindung mit einer Palisade. Der Zugang erfolgt durch ein meist im Osten (mit Abweichungen nach Nord oder Süd) liegendes Tor. Trotz immer wieder festgestellter Erneuerungen wird der einmal festgelegte Verlauf der Umfriedung beibehalten. Der Graben kann sekundär zur Aufnahme von Opfergaben oder Opferabfällen dienen. Häufiger ist jedoch die kultische Deponierung oder auch die »Entsorgung« in Gruben nachweisbar. Im Zentrum des »espace sacré« befindet sich eine große Grube oder auch ein Grubensystem. Hier werden die blutigen Opfer vollzogen. Die Opfergrube hat Altarfunktion. Erst gegen Ende der Latènezeit tritt an die Stelle von Gruben eine Brandfläche, ein Hinweis auf sich durchsetzende Brandopfer. Es ist zwar archäologisch schwer nachweisbar, aber aufgrund zahlreicher Hinweise wahrscheinlich, daß hier im Zentrum die Opfer der Verwesung ausgesetzt wurden. Im Verlauf des 2. Jahrhunderts v. Chr. wird das Zentrum in einen Raum verlegt, der Altar überdacht. Es entstehen Kultgebäude, die zu Recht als Tempel bezeich-

22

Die gallischen Heiligtümer

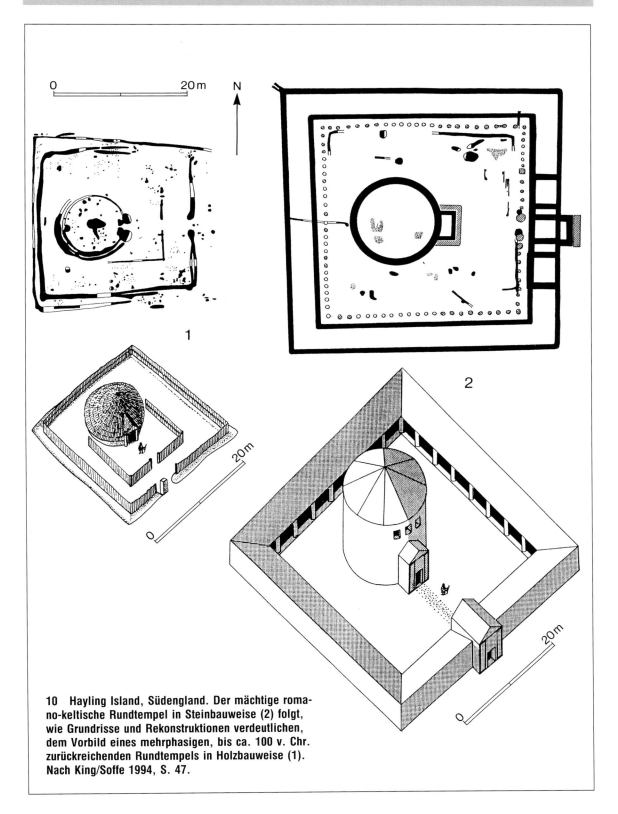

10 Hayling Island, Südengland. Der mächtige romano-keltische Rundtempel in Steinbauweise (2) folgt, wie Grundrisse und Rekonstruktionen verdeutlichen, dem Vorbild eines mehrphasigen, bis ca. 100 v. Chr. zurückreichenden Rundtempels in Holzbauweise (1). Nach King/Soffe 1994, S. 47.

Allgemeine Übersicht

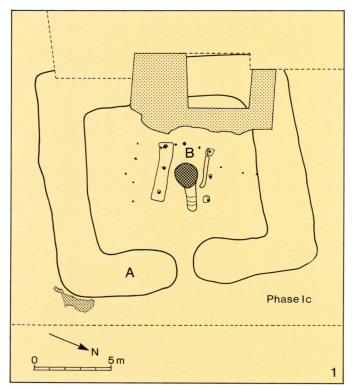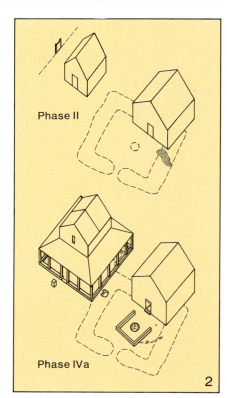

11 Das Heiligtum von Bennecourt zwischen Paris und Rouen zeigt exemplarisch die Platzkontinuität und die bauliche Entwicklung über mehrere Jahrhunderte. 1: Phase 1 c der Mittel- bis Spätlatènezeit (2./1. Jh. v. Chr.) mit Grabeneinfassung, Eingang im Osten und zentraler Opfergrube in einem rechteckigen Pfostenbau. 2: Phasen II und IV a aus augusteischer (um Chr. Geb.) und gallo-römischer Zeit (2./3. Jh. n. Chr.). Nach Bourgeois 1994, S. 76 und 77.

net werden. Einfache Einraum- und komplexere Kultbauten sind bekannt, letztere seit Ende des 2. Jahrhunderts v. Chr. als Umgangstempel in Holzbauweise. Mächtige Pfostengruben deuten vereinzelt Tempel beträchtlicher Höhe und Größe an.

Im umfriedeten Bereich werden immer wieder Pfostengruben nachgewiesen, die nicht einem Gebäude zugeordnet werden können. Hier müssen Pfähle gestanden haben, mit wahrscheinlich unterschiedlicher Funktion; daß sie im Kult, etwa bei der Zurschaustellung von Opfergaben, eine Rolle gespielt haben, ist denkbar. In Gournay könnten sie zur Stabilisierung von Waffentrophäen gedient haben. Hier liegen auch deutliche Hinweise vor (S. 59), daß Tor und Kultbauten nicht nur mit Waffen, sondern auch mit den Schädeln geopferter Stiere und Menschen dekoriert worden sind. Dieser Aspekt des Schädelkults ist besonders eindringlich für die Portikusständer aus Stein mit Nischen für die Zurschaustellung der Schädel im Heiligtum von Roquepertuse belegt (S. 76).

Über die dekorative Ausgestaltung etwa von Eingang und Tempel wissen wir ansonsten nichts. Sicher ist unser Nichtwissen nur ein Problem der Nachweisbarkeit. Wichtige Hinweise gibt die neu entdeckte, mediterran geprägte Bemalung auf Architekturelementen des Kultgebäudes von Roquepertuse. Meines Erachtens können wir ohne Bedenken postulieren, daß die für die keltische Kunst so charakteristische Ornamentfreudigkeit auch in den Heiligtümern ihren Niederschlag gefunden hat, daß wir mit ei-

Die gallischen Heiligtümer

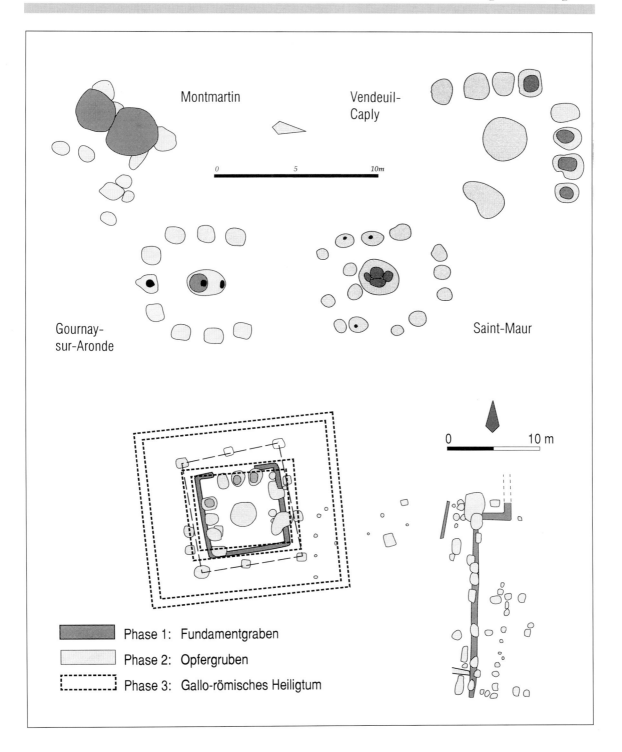

12 Oben: Opfergruben innerhalb von Pfostenstellungen aus mittellatènezeitlichen Heiligtümern der Picardie. Unten: Entwicklung des Heiligtums von Vendeuil-Caply in vorrömisch-keltischer (Phase 1–2) und römischer Zeit. Nach Fichtl 1994, S. 27 und 32.

Allgemeine Übersicht

nem reichen Schnitz- und Maldekor unter Verwendung der etwa in der Münzprägung, der Gefäßbemalung und in der Bilderwelt des Kessels von Gundestrup so eindrucksvoll überlieferten Symbolsprache rechnen können.

Besonders nachteilig für die Charakterisierung der Kulte in den Heiligtümern wirkt sich das Fehlen von Kultfiguren, von Statuen der Gottheiten in den keltischen Tempeln aus. Sie waren aus Holz und sind deshalb, wie etwa die beiden Götterstatuen aus dem Genfer See bei Villeneuve, nur bei günstigen Erhaltungsbedingungen auf uns gekommen. Aber auch religiös motivierte Zerstörungswut, die immer als erstes den Götterbildern gegolten hat, und Metallraub dürften den Bestand dezimiert haben. Die Anzahl der Götterstatuen aus Holz, Stein und Bronze, die in spätkeltische Zeit datiert wird, ist inzwischen jedoch ausreichend groß, um an der Existenz von Kultbildern männlicher und weiblicher Gottheiten in Heiligtümern keine Zweifel mehr aufkommen zu lassen. Gegen Ende des 1. Jahrhunderts v. Chr. wird stilistisch römischer Einfluß erkennbar. Nahezu regelhaft sind keltische Gottheiten mit dem Torques dargestellt; seine Bedeutung als Zeichen des Göttlichen unterstreichen eindrucksvoll die Götterbilder auf dem Kessel von Gundestrup (S. 13). Weit entfernt sind wir jedoch von einer stilistischen oder ikonographischen Klassifizierung. Die Anzahl ist zu gering, die Qualitätsunterschiede sind beträchtlich. Auch eine Zuordnung zu bestimmten Kulten oder gar eine Identifizierung mit den durch die Schriftquellen bekannten Gottheiten ist nicht möglich. Sieht man einmal von Cernunnos ab, der am Geweih erkannt werden kann, sind alle bisherigen Versuche als zwar phantasiereich, aber methodisch nicht überzeugend zu werten.

Der für die gallischen Heiligtümer so charakteristische Fundreichtum hat in Verbindung mit bestimmten Befunden zu einem vertieften Verständnis der Opferbräuche beigetragen. Es kann zwischen blutigen und unblutigen, Menschen-, Tier- und Objektopfern unterschieden werden. Deutlich beginnt sich ein Wandel des Brauchtums im Verlauf der Jahrhunderte abzuzeichnen. Mit wachsender Anzahl wird auch er-

13 Bronzestatue einer keltischen Gottheit mit Torques und Hirschhufen von Bouray-sur-Juine (Essoune). Ende 1. Jahrhundert v. oder 1. Jahrhundert n. Chr. Gefunden 1845 in der Juine. Höhe 42 cm.

14 In den vorrömisch-keltischen Heiligtümern Galliens wurde ein breites Spektrum an Objekten geopfert. 1 Schwert, 2 Schwertscheide, 3 Schwertkette, 4 Schildbuckel, 5–6 Lanzenspitzen, 7 Beil, 8 Achsnagel, 9–10 Lanzenschuhe, 11 Pferdetrense, 12 Laubmesser, 13–14 Eisenbarren. Das gewaltsame Verbiegen und Unbrauchbarmachen war Teil des Opferritus.

Die gallischen Heiligtümer

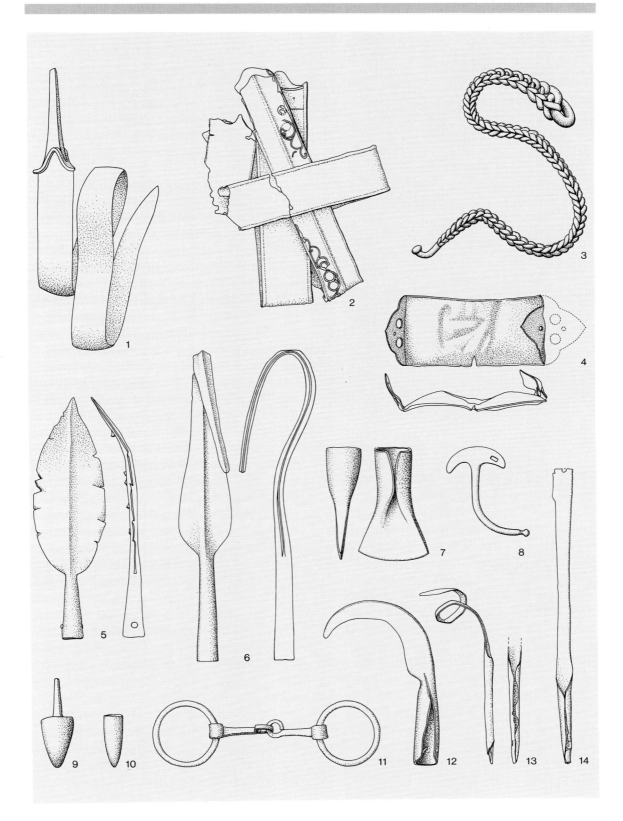

Allgemeine Übersicht

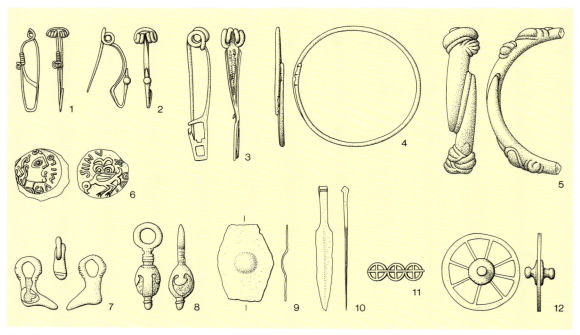

15 Objektopferspektrum: 1–3 Fibeln, 4–5 Armringe, 6 keltische Münze, 7–8 Anhänger, 9 Miniaturschild, 10 Miniaturlanzenspitze, 11–12 Radanhänger (rouelles). **Aus verschiedenen vorrömisch-keltischen Heiligtümern Galliens.**

sichtlich, daß das Opfergeschehen in den Heiligtümern zum Teil beträchtliche Unterschiede aufweist.

Geopfert wurden Waffen jeglicher Art (Schwerter, Lanzen, Schilde, vereinzelt auch Helme und Panzer), landwirtschaftliche Geräte, Werkzeuge verschiedener Handwerke, Bestandteile von Wagen und Pferdegeschirr, Kleiderbesatz (Fibeln, Gürtelschließen), Schmuck (Armringe, Fingerringe), Objekte mit Amulettcharakter oder Symbolzeichen in Radform (sog. Rouelles) aus Gold, Silber, Bronze und Blei und immer wieder Münzen, selten aus Gold, häufiger aus Silber, Potin und Bronze. Deutlich zeichnet sich ab, daß Münz- und Rouelleopfer eine späte Erscheinung Ende des 2. und des 1. Jahrhunderts v. Chr. darstellen, daß mit der sich etablierenden Geldwirtschaft Sachgut unterschiedlichster Art durch Münzen ersetzt werden konnte. In einigen Heiligtümern, am deutlichsten erkennbar in Mirebeau in Burgund, hat das Opfer von Speise und Trank eine wichtige Rolle gespielt.

Hier wurden zahlreiche, meist qualitätvolle Tongefäße, z. T. in Miniaturausführung, deponiert, höchstwahrscheinlich mit Inhalt.

Überblickt man das Spektrum der Objektopfer, so fällt auf, daß es nahezu identisch mit dem der Totenausstattung in den Gräbern ist. Es ist wertvolles Sachgut, das wesentlich zur Statusdarstellung in der Gemeinschaft geeignet ist. Selbst dann, wenn der materielle Wert nicht allzu hoch angesetzt werden kann, bleibt letztlich entscheidend der ideelle Wert. Und dieser ist Voraussetzung für jede Form des Bitt- und Dankopfers.

Wie sollen wir uns das Ritual des Objektopfers vorstellen? Die Rekonstruktion aus dem Fundkontext, aus dem Befund, bereitet Schwierigkeiten, da die Masse der Opfer- und Votivgaben in sekundärer Lage, bewußt oder auch durch spätere Störungen verlagert, angetroffen wird. Im Heiligtum von La Villeneuve-au-Châtelot zwischen Paris und Troyes wird aus der Fundverteilung erschließbar, daß es in einer frühen

Die gallischen Heiligtümer

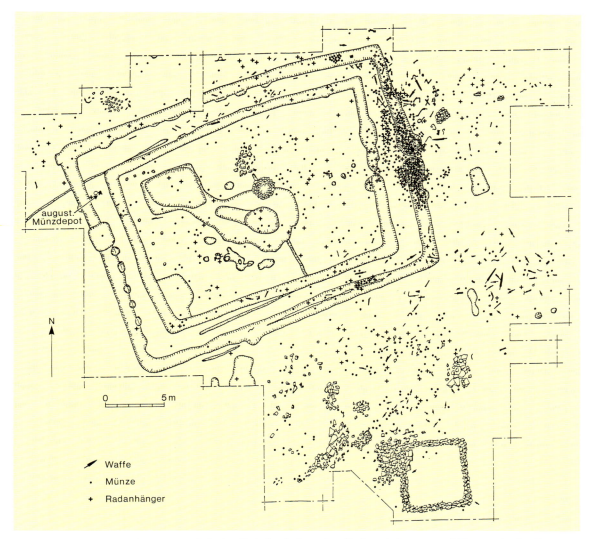

16   Heiligtum von La Villeneuve-au-Châtelot (Aube) mit doppelter Grabeneinfassung und Eingang in Ost-Nord-Ost. Die Gräben und Gruben sind vorrömisch-keltisch bis augusteisch, die Steinstrukturen gallo-römisch. Die Opferaktivitäten beginnen im 4. Jahrhundert v. Chr. mit Waffendeponierungen; im 1. Jahrhundert v. Chr. sind Münzen sowie Radanhänger aus Gold, Silber und Bronze und vor allem Blei besonders beliebte Gaben (mehr als 70 000). Im 3. und 4. Jahrhundert erlebt das Münzopfer eine Renaissance. Nach Vercingetorix et Alésia 1994, S. 109.

Nutzungsphase zu Anhäufungen von Waffen gekommen ist, daß im Verlauf des 1. Jahrhunderts v. Chr. und bis in das frühe 1. Jahrhundert n. Chr. Münzen und Rouelles zu Zehntausenden geopfert und teils bewußt zerstreut, teils als Depots vergraben worden sind. In bestimmten Abständen mußte offensichtlich Platz geschaffen werden für neue Opfergaben. Als eindrucksvoller Hinweis auf einen direkten Bezug der Gabe zur Gottheit können drei keltische Münzen gewertet werden, die in einer beutelförmigen Vertiefung an einer der Götterstatuen aus dem Genfer See bei Villeneuve entdeckt worden sind. Daß es oft ein langer Weg von der Einbringung

29

Allgemeine Übersicht

der Opfergabe in das Heiligtum bis zur Deponierung am Auffindungsplatz war, darüber informieren uns die Fundumstände und der Zustand der Waffen in Gournay und Ribemont (S. 64 f.). J.-L. Brunaux hat alle Hinweise zusammengestellt, die belegen, daß seit dem 3. Jahrhundert v. Chr. Waffentrophäen, aufgebaut aus Schwertern, Lanzen und Schilden, in den Heiligtümern präsentiert wurden. Die Auf- und Zurschaustellung von Waffen als Siegestrophäen in Heiligtümern war weit verbreitetes mediterranes Brauchtum. Auf den im frühen 2. Jahrhundert v. Chr. geschaffenen Waffenreliefffriesen des Athena-Heiligtums von Pergamon, errichtet zum Andenken an Siege der Attaliden über die Galater, auf dem um Christi Geburt geschaffenen Ehrenbogen von Orange, ein die Unterwerfung Galliens durch Rom feierndes Siegesdenkmal, und auf zahlreichen Münzen hat dieses Brauchtum seine bildliche Ausdrucksform gefunden.

Der Zurschaustellung der Waffentrophäen waren durch Korrosion der Metall- und Verrottung der Holzbestandteile natürlich Grenzen gesetzt. Nach einigen Jahren, vielleicht auch Jahrzehnten erfolgte die irreversible Zerstörung der Waffen durch Verbiegen, Zerhacken und schließlich die Deponierung im Graben. Erst jetzt war das Waffenopfer abgeschlossen.

Für die Heiligtümer von Gournay, Ribemont und Saint-Maur, alle in der Picardie gelegen, häufen sich inzwischen Befunde, die ein Einbeziehen des menschlichen Körpers in den Trophäenbrauch belegen. Im Kampf gefallene oder als Gefangene getötete, in jedem Fall enthauptete Krieger wurden im »espace sacré« zur Schau gestellt, einzeln, oder wie in Ribemont in einem makabren Aufmarsch. Gestützt durch die Idee des mediterranen Tropaion und die schriftliche Überlieferung (S. 64 f.) können wir die menschlichen Überreste dieser Heiligtümer als Teil der geopferten Kriegsbeute mit einem dem Waffenopfer vergleichbaren Ritual verstehen. Das Töten von Menschen war Dank an die Gottheit für den Sieg in der Schlacht, das Zurschaustellen von Waffen und toten Kriegern sicher auch sakrale Deposition; die Gottheit sollte dieser Anblick erfreuen. Hinweise auf Menschenopfer liegen aus zahlreichen weiteren gallischen Heiligtümern vor, ohne daß sich beim derzeitigen Forschungsstand das Opferritual rekonstruieren ließe. Ungeklärt ist bislang auch, ob es Menschenopfer ohne Zusammenhang mit Kriegsereignissen gegeben hat. Die Schriftquellen und einzelne Skelettfunde, etwa in Kultschächten, weisen darauf hin.

In Heiligtümern mit guten Erhaltungsbedingungen für Knochen stellen Tierknochen die meisten Funde dar. Der Archäozoologe Patrice Méniel prägt den Forschungsstand. Er hat gezeigt, daß erst im Vergleich mit Siedlungen und Gräbern das Tierknochenspektrum eines Heiligtums beurteilt und zur Rekonstruktion des Opfergeschehens nutzbar gemacht werden kann.

17 Drei römische Silberdenare der Jahre 48/47 und 46/45 v. Chr. feiern die Unterwerfung Galliens durch Caesar. Die Rückseiten zeigen Trophäen mit gallischen Waffen sowie besiegte und trauernde Gallier.

Die gallischen Heiligtümer

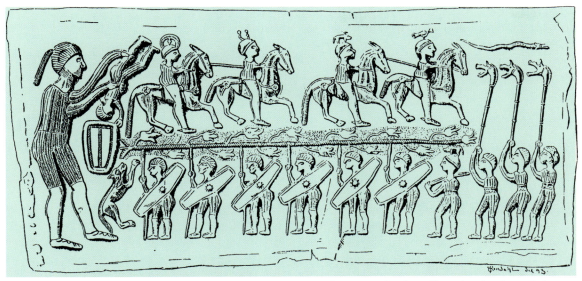

18 Silberkessel von Gundestrup. Opferszene? Ein Priester oder Gott versenkt einen Menschen in einem Behälter oder Schacht, während sich ein Zug von Reitern, Carnyxbläsern und einen Baum tragenden Kriegern zu Fuß in Richtung Hauptszene bewegt. Nach Steenstrup 1895.

In allen Heiligtümern sind Tierknochen als Überreste des Verzehrs von Fleisch bei Opfermahlen anzutreffen. Vor allem Schweine- und Schaffleisch waren beliebt, aber auch Rinder und Hunde wurden verspeist. Ob die Tiere im feierlichen Ritual zuerst geopfert und dann verzehrt wurden, bleibt ungewiß, da archäologisch meist nur die Schnittspuren des Zerlegens nachweisbar sind.

Sehr deutlich hat die Untersuchung der Tierknochen gallischer Heiligtümer gezeigt, daß es in den verschiedenen Heiligtümern durchaus unterschiedliche Opferpraktiken gegeben hat. Auch hat sich erwiesen, daß zwischen gallischem und mediterranem Tieropfer beträchtliche Unterschiede bestanden haben.

In Gournay beherrscht das Stieropfer das Geschehen. Der Stier wird durch einen Hieb mit Axt oder Beil auf den Schädel getötet. Er wird nicht zerlegt, vielmehr als Ganzes im Heiligtum, wahrscheinlich in der zentralen Opfergrube, der Verwesung ausgesetzt. Kurz vor dem völligen Zerfall wird der Schädel abgetrennt und am Tor befestigt, somit trophäenartig zur Schau gestellt;

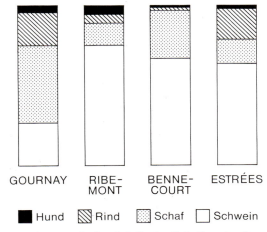

19 Die prozentualen Anteile der Opfertierarten in Heiligtümern Nordostgalliens. Nach Méniel 1992, S. 105.

der Körper wird in größeren Partien im Umfassungsgraben deponiert.

Die Tötungsart der geopferten Pferde hat keine Spuren hinterlassen; auch sie verwesen, werden erst später im Graben niedergelegt. Der Schädel erfährt keine Sonderbehandlung.

Allgemeine Übersicht

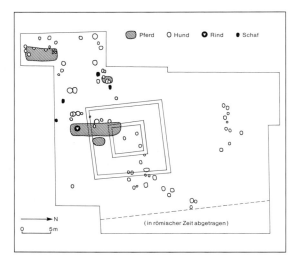

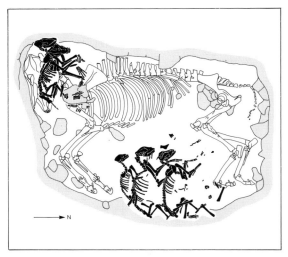

20 Vertault (Côte d'Or). Verteilung der Tieropfergruben des 1. Jahrhunderts v. Chr. unter und im Umfeld des gallo-römischen Umgangtempels. Nach Méniel 1992, S. 34.

21 Vertault (Côte d'Or). Opfergrube mit Pferde- und Hundeskeletten. Nach Méniel 1992, S. 44.

Deutlich wird in Gournay ein Wandel des Opfergeschehens sichtbar. Im 3./2. Jahrhundert v. Chr. werden Rind und Schwein nicht zerlegt und nicht verzehrt, erst im 2./1. Jahrhundert v. Chr. sind sie Bestandteil des Opfermahls, zusammen mit Schaf und Hund. Grundsätzlich nicht verzehrt werden geopferte Pferde; dies gilt für alle bislang untersuchten Heiligtümer Galliens. Im Alltag jedoch stand Pferdefleisch durchaus auf dem Speiseplan.

Besonders ergebnisreich waren die Tierbefunde in Vertault in Burgund. Hier standen Pferd und Hund im Mittelpunkt des Opfergeschehens. Über 30 Pferde- und mehr als 150 Hundeopfer sind in Gruben entdeckt worden. Die Pferde hatte man durch einen Schlag auf den Schädel getötet, anschließend kürzere Zeit der Verwesung ausgesetzt und schließlich in Gruben »bestattet«. Mehrmals wurden die Gruben geöffnet, um neue Opfer deponieren zu können. Hunde und Schafe wurden ähnlich behandelt, waren jedoch nicht der Verwesung ausgesetzt.

Viele Fragen, etwa nach Zeitabständen zwischen den Opferereignissen, der Zugehörigkeit der Tiere zur Kriegsbeute, der Bindung spezieller Opferpraktiken an bestimmte Gottheiten, können nicht oder nur ansatzweise beantwortet werden. Nur in Gournay und Ribemont kann angenommen werden, daß die hier geopferten Pferde, vielleicht auch ein Teil der Rinder, zur Kriegsbeute gehört haben.

Resümiert man den Forschungsstand in Gallien, so kristallisieren sich deutlich Tendenzen des Wandels der Heiligtümer und Opfer heraus. Gegen Ende der Spätlatènezeit gehört der Tempel als zentrales Kultgebäude zum Heiligtum, spielen Menschenopfer und das Verwesungstieropfer keine oder nur noch eine geringe Rolle, hat die Sitte des Waffenopfers ihren Höhepunkt längst überschritten, zeigt das Münzopfer wachsende Bedeutung. In dieser Entwicklung, die auch als eine Entwicklung zu mehr Humanität verstanden werden soll, wird griechischer und römischer Einfluß faßbar.

Die Viereckschanzen

G. Wieland hat die Viereckschanzen, die Geschichte ihrer Erforschung und die Interpretationsproblematik am Beispiel Süddeutschlands ausführlich dargestellt (S. 85 ff.). Ihr Hauptverbreitungsgebiet ist das südliche Mitteleuropa. Aber auch in Frankreich wird eine Reihe quadra-

tischer bis rechteckiger Erdwerke den Viereckschanzen im Sinne der deutschen Forschungstra-
dition zugerechnet. Wesentlicher Unterschied
zwischen den Heiligtümern gallischen Typs und
den Viereckschanzen im südlichen Mitteleuropa
sind beim derzeitigen Forschungsstand ein nicht
eindeutig nachweisbares Opfergeschehen und
das Fehlen einer in römischer Zeit sich fortset-
zenden Kulttradition. Gemeinsamkeiten bestehen hingegen in der Architektur mit quadratischer bis rechteckiger Umfriedung, der Lage des
Tors im Osten (mit den üblichen Abweichungen) und, wie wir sehen werden, den als Tempel
zu deutenden Gebäuden im Innern.
Sieht man von den seit der späten Bronzezeit
nachweisbaren Funeralheiligtümern ab (s. Vix
S. 43 ff.), deren Bedeutung für die Herausbil-
dung der Heiligtümer vom gallischen Typ und
vom Typ Viereckschanze unbestritten ist, so
sind für letztere überzeugende Vorläuferformen
nicht erkennbar. Das in die Diskussion über die
Genese der Viereckschanzen immer einbezogene
frühlatènezeitliche Heiligtum von Libenice in
Böhmen mit langrechteckiger Umfriedung,
Opfergrubenkomplex und Priesterinnengrab
hat jüngst eine Umdatierung in die römische
Kaiserzeit erfahren und kommt somit als Frühform eines keltischen Heiligtums nicht mehr in
Frage. Somit bleibt es vorerst bei dem unbefrie-
digenden Erkenntnisstand, daß im südlichen
Mitteleuropa, ausgenommen Manching (S. 36),
nur die spätlatènezeitlichen Viereckschanzen des
2.–1. Jahrhunderts v. Chr., und dies auch nur
mit Vorbehalten, als keltische Heiligtümer aner-
kannt werden.
Zur Funktionsbestimmung der Viereckschanzen
als Heiligtümer tragen außer den süddeutschen
auch einige Anlagen in Tschechien bei. Außer
Markvartice mit dem Grundriß eines Umgangstempels ist vor allem die Doppelschanze von
Mšecké Zehrovice von Bedeutung. Schon in den
fünfziger Jahren wurde hier in einem Kontext
des 2. Jahrhunderts v. Chr. der Kopf einer ursprünglich wahrscheinlich lebensgroßen Götter-
statue aus Stein gefunden. In den achtziger Jahren durchgeführte Ausgrabungen erbrachten in
der Südumfriedung der Doppelschanze den

Grundriß eines zweiphasigen Holzgebäudes; er
entspricht der auch in anderen Viereckschanzen
anzutreffenden Frühform des gallischen Umgangstempels. Diesem Gebäudetyp zuzuordnen
ist auch der erst 1994 in der niederbayerischen
Viereckschanze von Pankofen entdeckte Grundriß. Den in den Viereckschanzen von Ehningen
und vom Donnersberg angetroffenen Gebäude-
typen (S. 96 f.) entsprechen jüngst auf dem
Martberg bei Pommern-Karden entdeckte
Holzbauten, an deren Tempelfunktion keinerlei
Zweifel bestehen.
Resümiert man den Stand der Viereckschanzen-
forschung, so überwiegen die Argumente, die
eine Interpretation eines Teils dieser Anlagen als
Heiligtum bzw. der Gebäude im Innenbereich
als Tempel stützen: 1. In ihrem äußeren Erscheinungsbild entsprechen sie weitgehend den gallischen Heiligtümern. Dies gilt für die Umfriedung wie für die als Tempel zu interpretierenden
Gebäude. 2. Die Unterschiede zu gleichzeitigen
Siedlungen sind, was die Baustruktur der Innenfläche betrifft, beträchtlich. 3. Aus Mšecké Zehrovice und Fellbach-Schmiden liegen Kultbilder
vor. 4. Für die in mehreren Viereckschanzen angetroffenen Schächte ist eine auch kultische
Funktion (S. 88 ff.) nicht auszuschließen.
Wenn somit kaum noch Zweifel an der Funktion, sicher nicht aller, aber doch zahlreicher
Viereckschanzen als Heiligtümer bestehen, so ist
doch aus dem archäologischen Erscheinungsbild
heraus klar ersichtlich, daß ein Teil der religiösen
Aktivitäten in diesen Heiligtümern andere Ausdrucksformen gehabt haben als in den gallischen. Objekt-, Tier- und Menschenopfer scheinen keine oder nur eine untergeordnete Rolle gespielt zu haben. Die beachtliche Größe vieler
Viereckschanzen, die mehrmals angetroffene
Befund- und Fundarmut hat zu einer Interpretation dieser Freiflächen als Versammlungsplatz
kleinerer und größerer Gemeinschaften geführt.
Gestützt wird diese Argumentation durch den
keltischen Kultplatzbegriff Nemeton, der Heiligtum und Versammlungsort beinhaltet, auch
durch die Verwendung des Begriffs »locus consecratus« durch Caesar als Versammlungsort,
Ort der Rechtsprechung und der Druidentref-

Allgemeine Übersicht

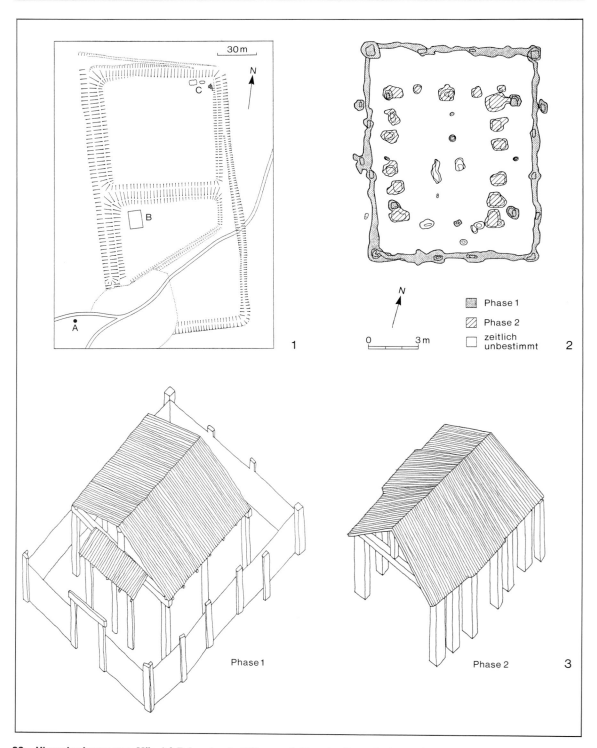

22 Viereckschanze von Mšecké Žehrovice in Böhmen. 1 Plan der Doppelschanze (A Fundstelle des Steinkopfs, B Lage des Tempelgebäudes), 2 Grundriß des zweiphasigen Holzbaus, 3 Rekonstruktionsversuche der beiden Bauphasen. Nach Venclova 1989, S. 144 und 1991, S. 140 und 142.

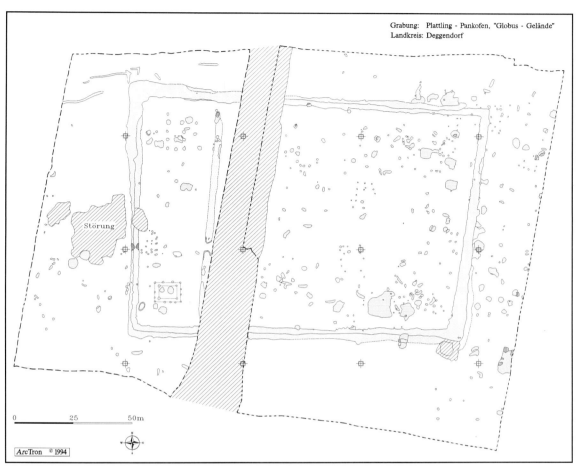

23 Plan der 1994 ausgegrabenen Viereckschanze von Pankofen in Bayern. In der Südwestecke ein Umgangstempel in Pfostenbauweise.

fen (S. 16 f). Damit haben wir jedoch das Glatteis der Spekulation betreten, da kaum Aussicht besteht, die Ausdrucksformen kultischen Geschehens archäologisch nachzuweisen.

Heiligtümer in Oppida

Die Viereckschanzen von Bopfingen und Pankofen wurden inmitten größerer latènezeitlicher Siedlungskomplexe entdeckt. Noch nicht klar ersichtlich ist, inwieweit Siedlung und Viereckschanze zeitlich aufeinander folgen oder zumindest zeitweise gleichzeitig bestanden haben, das Heiligtum somit Bestandteil der Siedlung gewesen ist.

Daß es in keltischen Siedlungen der Spätlatènezeit, insbesondere den Oppida, Heiligtümer gegeben hat, wurde schon immer postuliert, auch wenn die Schriftquellen hierzu schweigen. Aus archäologischer Sicht gab es nur Hinweise, wie etwa eine Viereckschanze im Oppidum auf dem Donnersberg in der Pfalz oder die den Viereckschanzen zugerechnete Anlage »La Terrasse« auf dem Mont Beuvray, dem antiken Bibracte. Für das Heiligtum von Gournay zeichnete sich ab, daß es lange nach seiner Erbauung, nämlich erst im 1. Jahrhundert v. Chr. in eine befe-

Allgemeine Übersicht

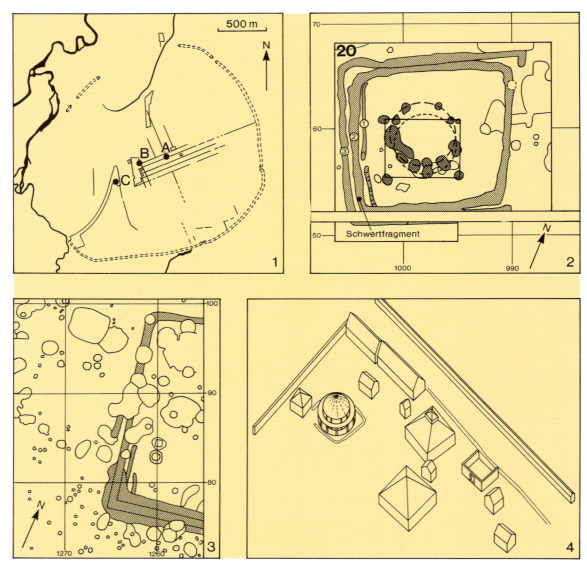

24 Im Oppidum Manching bei Ingolstadt wurden Hinweise auf drei spätkeltische Heiligtümer entdeckt. 1 Lage der Heiligtümer A–C, 2 Heiligtum A mit mehrphasigen quadratischen und kreisförmigen Graben- und Pfostenstrukturen, 3 nur partiell erfaßtes, wahrscheinlich quadratisches Grabensystem, 4 Rekonstruktionsversuch eines Heiligtums mit Quadrat- und Rundbauten. Nach Sievers 1991, S. 147, 148 und 150.

stigte, oppidum-ähnliche Siedlung miteinbezogen wurde.

Fast 30 Jahre haben die Ausgräber des Oppidums von Manching gebraucht, bis sie es wagten, von Andeutungen abgesehen, einige der Baustrukturen als Heiligtümern zugehörig zu interpretieren. Die Fortschritte in der Erforschung der Viereckschanzen und der gallischen Heiligtümer waren hierfür Voraussetzung.

An der höchsten Stelle des Oppidums lag ein geradezu klassisches Quadratheiligtum mit mehrfacher Graben-Wall-Umfriedung, dessen Innenfläche zuerst mit Rund-, dann mit Rechtecktempeln bebaut war. Im näheren Umfeld entdeckte

25 Kopf eines eisernen Pferdes, Länge 19 cm, aus dem Tempel A von Manching (S. 36). Das Pferd könnte als Begleittier zum Kultbild einer Gottheit gehört haben.

Metallfundkomplexe mit auffällig vielen Waffenfragmenten ermöglichen den Vergleich mit gallischen Heiligtümern. Das Fragment eines Hallstattschwertes und ein hallstattzeitliches Bronzegefäß könnten mit einer langen Opfertradition an diesem Ort zusammenhängen.
Ein zweiter, nur partiell freigelegter Grabenbefund zeigt gleichfalls quadratischen bis rechteckigen Verlauf. Rituell verbogene Waffen und ein zu einem Kultbild gehörender rundplastischer Pferdekopf aus Eisen sichern auch hier einen Kultplatz oder ein Heiligtum.
An einem dritten Platz innerhalb Manchings hat schließlich einer der Ausgräber eine Art Tempelbezirk erkannt. Er konnte aus dem Befund einen Rundtempel mit Umgang und mehrere Quadrattempel rekonstruieren.
Anders als in Manching stellt sich vorerst die Kultplatzsituation in den gallischen Oppida auf dem Mont Beuvray und auf dem Titelberg dar. In Bibracte liegt unmittelbar benachbart einem gallo-römischen Heiligtum des 1.–4. Jahrhunderts n. Chr. die schon erwähnte viereckschanzenähnliche Anlage »La Terrasse«. Eine ca. 80 × 100 m große, annähernd rechteckige, sehr eben angelegte Fläche erwies sich als in der Spätlatènezeit von Wall und Graben, partiell auch von einer Palisade umfriedet, jedoch weitgehend fund- und befundleer. Entsprechend den Viereckschanzen wird auch in dieser Freifläche ein Versammlungsplatz mit kultischem Hintergrund gesehen.
Auch im Inneren des bedeutendsten Oppidums der keltischen Treverer, auf dem Titelberg in Luxemburg, ist der Nachweis eines im 1. Jahrhundert v. Chr. mit einem Wall-Graben-System ohne erkennbare fortifikatorische Funktion eingefaßten Bereichs gelungen. Funde deuten auf sakrale Aktivitäten hin.
Es ergibt sich somit die interessante Konstellation, daß sich im Land der Tempel vom gallischen Typ die Hinweise auf Viereckschanzen innerhalb der Oppida häufen, im Oppidum von Manching gleich dreimal Heiligtümer vom gallischen Typ existiert haben könnten. Wie so häufig, dürfte es sich um das Zerrbild eines vorläufigen Forschungsstandes handeln. Ich wage einmal die Prognose, daß schon in wenigen Jahren die sich derzeit noch so deutlich abzeichnenden Unterschiede in der Verbreitung und den Funktionsinhalten beider keltischer Heiligtumstypen durch Neuentdeckungen und die Ergebnisse großflächiger Ausgrabungen nivelliert sein werden.

Puits funéraires – Kultschächte – Opferbrunnen

Seit dem 19. Jahrhundert beschäftigt sich die archäologische Forschung mit tiefen, manchmal auch extrem tiefen Schächten (S. 90). Sie wurden in unterschiedlichen Befundkontexten angetroffen; die ältesten sind bronzezeitlich, die jüngsten gehören in römische Zeit. Ihre Verbreitung umfaßt Mittel- und Westeuropa. Eine Vielzahl dieser Schächte hatte zweifellos Brunnenfunktion, andere, aufgrund der hydrologischen Gegebenheiten oder ihrer großen Zahl auf engstem Raum, mit Sicherheit nicht. Das Spektakuläre und zu kontroversen Diskussionen Führende waren jedoch die Schachtfüllungen. Sie waren untypisch für die üblicherweise aus Abfall und Schutt sowie mehr oder weniger zufällig hineingeratenen Funden sich zusammensetzenden Brunnenverfüllungen. Entdeckt wurden und

Allgemeine Übersicht

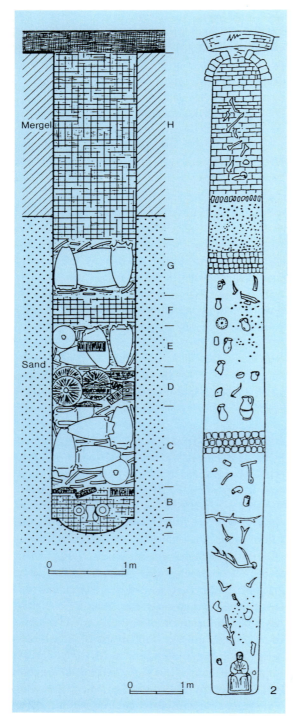

26 Kultschächte des 1. Jahrhunderts v. Chr. und des 2./3. Jahrhunderts n. Chr. 1 Toulouse-Estarac, 2 Le Bernard (Voudée). Nach Vidal 1986, S. 56 und Petit 1988, Taf. 239 a.

werden jedoch immer wieder Brandschichten, Gefäßdepots, in größeren Mengen tierische, manchmal menschliche Knochen sowie keineswegs selten Objekte, die eindeutig als kultisch bestimmt werden können. Besonders zahlreich sind Terrakotta-Statuetten von Muttergottheiten in gallo-römischen Schachtanlagen. Von entscheidender Bedeutung für die Funktionsbestimmung der gallo-römischen Schächte und Brunnen ist ihre Lage. Sie liegen entweder innerhalb oder in unmittelbarer Nähe von Heiligtümern, nicht selten auch nahe bebauungsfreier Plätze.

Einzelne menschliche Skelettfunde in schon früh entdeckten Anlagen hatten in Frankreich dazu geführt, sie als puits funéraires, als Bestattungsbrunnen anzusehen. K. Schwarz hat sich nach Entdeckung der tiefen Schächte in der Viereckschanze von Holzhausen (S. 88 ff.) mit den puits funéraires beschäftigt und sie als Kultschächte definiert, in denen Überreste von Opferhandlungen deponiert wurden. Zuletzt hat J.-P. Petit, ausgehend von großen Schachtkonzentrationen im gallo-römischen Vicus von Bliesbruck in Lothringen, alle vorgeschichtlichen und römischen Anlagen analysiert. Sein im Einzelfall umstrittenes und Bliesbruck betreffend auch zu korrigierendes, in der Gesamtaussage jedoch völlig überzeugendes Ergebnis sichert die Existenz eines gallo-römischen, eisenzeitlichen und spätbronzezeitlichen Opferbrauchtums, das seinen Abschluß mit der Deponierung von Objekten, von Menschen oder Tieren, in Teilen oder als Ganzes, verbrannt und unverbrannt, von Überresten von Opferhandlungen und von religiösen Festen, in Schächten oder tiefen Gruben fand. Nicht immer wurden Schächte neu angelegt. Ebenso geeignet waren schon vorhandene Brunnen. Auch ohne daß in ihrer Aussage völlig eindeutige, etwa epigraphische Belege vorliegen, ist man sich in der Interpretation dieses Opferkultes einig. Er richtete sich an die Gottheiten der Unterwelt.

Der Nachweis solch chthonischer Glaubensvorstellungen in vorrömischer Zeit ist jüngst besonders eindrucksvoll im Oppidum von Agen an der Garonne in Südwest-Gallien gelungen. Nahe

Puits funéraires – Kultschächte – Opferbrunnen

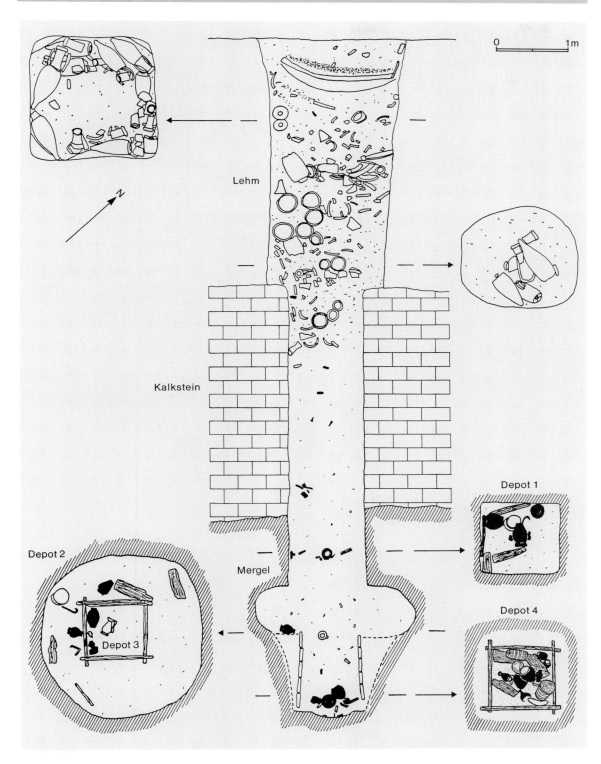

27 Opferbrunnen aus dem Oppidum von Agen (Garonne). Zwischen 120 und 100 v. Chr. Deutlich ist erkennbar, daß die Depots sorgfältig im Brunnen eingebracht worden sind. Nach Boudet 1994, S. 94.

Allgemeine Übersicht

28 Opferbrunnen von Agen. Weinamphoren aus der oberen Einfüllung.

29 Opferbrunnen von Agen. Depot 2 und 3 aus ca. 8 m Tiefe mit Tongefäßen, Bronzehelm und Bronzekanne.

30 Opferbrunnen von Agen. Gefäße und andere Objekte des Depots 4 von der Brunnensohle in 9,5 m Tiefe.

einem an der höchsten Stelle des Oppidums gelegenen, von den Ausgräbern als Tempel interpretierten Holzbaus fanden sich zwei Opferbrunnen. In einem 1994 ausgegrabenen, ca. 10 m tiefen Brunnen wurden vier bewußt angelegte Depots mit Gefäßen aus Ton und Metall, einem Bronzehelm und Holzeimern mit Bronzebeschlägen freigelegt. Auf dem Niveau des besonders reichhaltigen Depots 4 fanden sich zudem in großen Mengen Überreste von Früchten und Nüssen sowie ein Fingerring und eine Nauheimer Fibel. Besonderes Interesse verdient schließlich die Einfüllung oberhalb der Depots. Auf mehrere Dutzend italische Weinamphoren, die z. T. recht genau in die Zeit zwischen 120 und 100 v. Chr. datiert werden können und die zusammen mit Schmuck, Fibeln, einer Speerspitze, einer Sichel und großen Mengen von Speiseresten angetroffen wurden, folgte als eine Art Verschluß des Schachtes eine durch Feuer verziegelte Lehmplatte. Auf und unter ihr lagen insgesamt 12 Silbermünzen.

Mit Recht – Befunde und Funde sprechen für sich – hat der Ausgräber R. Boudet keinerlei Zweifel am kultischen Charakter dieser Brunneneinfüllung. Sie sichert Opfer durch Versenken im Schacht, höchstwahrscheinlich aber auch die Überreste einer oder mehrerer Fest- und Opfermahle sowie eine mit Feuer verbundene Abschlußzeremonie. Durch die Entdeckung und vor allem sehr sorgfältige Ausgrabung der Opferbrunnen von Agen steht meines Erachtens endgültig fest, daß die zu Hunderten in Toulouse und Vieille-Toulouse angetroffenen Schachtanlagen des 1. Jahrhunderts v. Chr. als Opferschächte zu interpretieren sind. In ca. 30% dieser Schächte wurden teils verbrannte, teils unverbrannte menschliche Knochen gefunden. Was spricht dagegen, in ihnen die Überreste von Menschenopfern zu sehen?

Ringdepots aus Edelmetall

Aus Mittel- und Westeuropa, insbesondere aus Großbritannien, kennen wir eine beträchtliche Anzahl von Ringdeponierungen aus Edelmetall, meist aus Gold, seltener aus Silber. Es liegen Einzelstückdepots vor – hierzu gehört der berühmte Silberring von Trichtingen in Baden-Württemberg –, häufiger wurden jedoch mehrere Ringe, nicht selten zusammen mit Gold- und Silbermünzen, gefunden. Häufig, wenn auch nicht immer, kann absichtliche Beschädigung der Ringe nachgewiesen werden. Diese Schatzfunde sind – von Snettisham und Niederzier abgesehen – fast immer Zufallsentdeckungen. Immerhin wissen wir von den kontinentalen Entdeckungen, daß die beiden Goldringe von Frasnes-lez-Buissenal in Belgien nahe einer Quelle, der Goldring von Pommeroeul, ebenfalls aus Belgien, im Bereich einer Schiffsanlegestelle zusammen mit Waffen und Gerät der Spätlatènezeit aufgefunden wurde, daß ein späterhin gestohlener Goldhalsring zu den Funden von La Tène gehört hat, daß der aus zwei Hals- und einem Armring aus Gold sowie 46 Goldmünzen sich zusammensetzende Fund von Niederzier im

31 Schatzfund mit Goldtorques, fast 500 keltischen Goldmünzen und Goldbarren von Tayac (Gironde), 2./1. Jahrhundert v. Chr., entdeckt in zwei Tongefäßen.

Allgemeine Übersicht

Rheinland in einer Tonschale nahe einer Pfostengrube im Bereich eines freien Platzes einer größeren Siedlung der Spätlatènezeit ausgegraben worden ist. Aus Britannien kennen wir Goldringe aus Flüssen; der berühmte Goldschatz von Broighter in Irland mit zwei Halsringen, zwei Kettchen, einem kleinen Gefäß und einem Miniaturschiff wurde in einem periodisch von Meer und Fluß überfluteten Schwemmlandbereich entdeckt.

Einmalig sorgfältig beobachtet wurde die Fundsituation eines Teils der Edelmetallhorte von Snettisham (S. 100 ff.). Sie waren sorgfältig und nach bestimmten Regeln in Gruben niedergelegt worden; zumindest einmal konnte festgestellt werden, daß die Depots einer Grube durch eine Erdschicht getrennt lagen. Zwei aufeinanderfolgende Deponierungen sind somit gesichert. Von besonderer Bedeutung ist schließlich, daß in Snettisham alle Deponierungen innerhalb einer polygonal verlaufenden Wall-Graben-Umfriedung ohne fortifikatorische Funktion erfolgten, die zumindest mit einem Teil der Schatzfunde gleichzeitig ist.

Die in den Edelmetalldepots gefundenen Halsringe entsprechen formal in zahlreichen Merkmalen den Torques der Darstellungen keltischer Gottheiten. Die Bedeutung des Torques als Statussymbol, als Attribut keltischer Gottheiten, ist unbestritten. Schriftquellen und bildliche Darstellungen, und unter ihnen besonders eindringlich die des Kessels von Gundestrup, bestätigen seine Rolle im Kult eindrucksvoll. Die Rolle des Torques als Opfergabe wird besonders klar am Beispiel des Goldtorques von Mailly-le-Camp im Dép. Aube ersichtlich. Auf ihm sind sechs nur schwer lesbare Graffiti in griechischem Schriftduktus zu erkennen. Außer einem Personennamen ist dreimal die Nennung der Nitiobroges, einem keltischen Stamm aus Südwest-Gallien, zu entziffern. Die Opfergabe mit dem Namen des Dedikanten und seiner Herkunft bzw. Volkszugehörigkeit zu versehen, ist

32 Torques aus Gold von Mailly-le-Camp (Aube), Dm. 20 cm, im Innern eine eiserne Stabilisierungskonstruktion, auf der Innenseite sechs Graffiti.

ein altüberlieferter mediterraner Brauch. Der Torques von Mailly-le-Camp wurde höchstwahrscheinlich von einem Mann oder einer Frau aus dem Südwesten Galliens fern der Heimat geopfert.

Ich denke, der Opfercharakter der Ringdepotfunde steht nach dieser Übersicht zur Fundsituation, Zusammensetzung und Bedeutung des Torques im Kult zweifelsfrei fest. Kein anderes materielles Gut war zur Demonstration des Verzichts im Sinne des Bitt- und Dankopfers so prädestiniert wie diese Objektgruppe. Nach unserem heutigen Kenntnisstand kann das Vergraben und Versenken der Gold- und Silberobjekte als einmaliges Ereignis, als Privatopfer einer Person verstanden werden. Nur in Snettisham zeichnet sich ab, daß hier im Heiligtum einer Gemeinschaft mehrmals und in mehr oder weniger großen Abständen das gleiche Opferritual vollzogen wurde.

Das keltische Heiligtum von Vix

VON BRUNO CHAUME, LAURENT OLIVIER UND WALTER REINHARD

Sechs Kilometer nördlich von Châtillon-sur-Seine verschließt ein aus Marnekalken bestehender Inselberg, der Mont Lassois, korkenartig das obere Seinetal, das sich hier von einer kilometerbreiten Ebene zu einem schmalen Tal verengt. 109 m über der Talsohle setzt sich sein Nord-Süd ausgerichtetes Hochplateau (400 x 100 m) rechtwinklig nach Westen in ein niedrigeres Plateau von geringeren Ausmaßen fort. Während Siedlungsspuren aus der Stein- und Bronzezeit nur vereinzelt nachweisbar sind, belegen mehr als 300 attisch schwarzfigurige Scherben, zahlreiche Fibeln und Hinweise auf vielfältige handwerkliche Produktion aus relativ kleinen Sondagen eine Blütezeit des Mont Lassois zur späten Hallstattzeit.

Dies wird durch ein 2,7 km langes, von einem 5,70 m tiefen Graben umgebenen Befestigungswerk gleicher Zeitstellung unterstrichen, das in halber Hanghöhe im Osten bis an die ab dort schiffbare Seine herangeführt wurde.

Nach einer am Fundmaterial erkennbaren Siedlungsunterbrechung in der Früh- und Mittellatènezeit (450–200 v. Chr.) befestigte man in der Spätlatènezeit (200–25 v. Chr.) das Hochplateau mit einer Mauer des Typs Kelheim.

Vier Großgrabhügel mit reichen späthallstattzeitlichen Bestattungen fanden sich südlich des Mont Lassois in den weitläufigen Äckern, wo nach den archäobotanischen Untersuchungen auch schon zu jener Zeit die Unkräuter Adonisröschen, Saatlabkraut und Ackerhasenohr einen entwickelten Ackerbau auf fruchtbarem Boden widerspiegeln. Neben Emmer, wohl das Hauptgetreide der Siedlung, konnte Saatweizen, Spel-

zengerste, Einkorn und Hirse nachgewiesen werden.

Während sich am Fuße des Mont Lassois auf der ersten, überschwemmungsfreien Terrasse entlang der Seine eine weitläufige Bestattungszone (Abb. 34) befindet, die von dem Fürstinnengrab von Vix über das Heiligtum (2) und den spätbronzezeitlichen Grabhügel(5) bis zum spätlatènezeitlichen Friedhofsareal (6) reicht, liegen die Fürstengräber von Sainte-Colombe, Hügel »de la Garenne« (7) und Hügel »de la Butte« (8) sowie der Hügel »de la Motte« von Cérilly (10) einzeln in ca. 4 km Entfernung.

Nach Einplanierung einer mächtigen Aufschüttung von ungefähr 70 m Durchmesser und noch 4 m Höhe stieß der geschichtsinteressierte Dr. Bourrée im März 1846 im Zentrum des Hügels »de la Garenne« in Sainte Colombe-sur-Seine auf die Reste eines bedeutenden Grabes. Unter einer verbrannten Steinplatte fanden sich in 1 m Tiefe die Bruchstücke eines eisernen Wagens und eines importierten Bronzekessels mit aufgesetzten Greifenköpfchen auf einem eisernen Dreifuß. Durch diese Entdeckung angeregt, untersuchte der Archäologe J. Beaudoin Anfang 1863 800 m nordwestlich davon den Tumulus »de la Butte«, ein künstlicher Hügel von ehemals ca. 45–50 m Durchmesser und einer Höhe von mehr als 4 m. Mittels eines 2 m breiten Grabens arbeitete er sich vom Ostrand zum Zentrum hin, wo er in Höhe des gewachsenen Bodens ein reiches Frauengrab entdeckte. Der ca. 30–40 Jahre alte, offensichtlich großwüchsige Körper lag mit dem Kopf im Südosten auf dem Kasten eines Wagens, die Räder standen abmontiert seitlich

Das keltische Heiligtum von Vix

33 Blick von dem 1994 freigelegten Grabhügel 2 von Vix auf den Mont Lassois. Der spätbronzezeitliche Hügel wurde in der Späthallstattzeit beträchtlich erweitert. Am linken Rand des Grabungsschnittes eine Pferdebestattung.

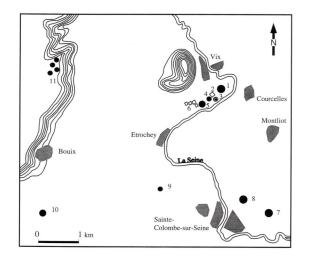

34 Der Mont Lassois von Vix und sein archäologisches Umfeld. 1 Hügel 1, Fürstinnengrab (Gem. Vix), 2 späthallstattzeitliches Heiligtum (Gem. Vix), 3 Hügel 3 (Gem. Vix), 4 Hügel 4 (Gem. Vix), 5 Hügel 2 mit spätbronzezeitlichem Zentralgrab und hallstattzeitlichen Nachbestattungen (Gem. Vix), 6 Spätlatènezeitlicher Friedhof des 2. Jh. v. Chr. (Gem. Vix), 7 Hügel von La Garenne (Gem. St.-Colombe-sur-Seine und Châtillon-sur-Seine), 8 Hügel von La Butte (Gem. St.-Colombe-sur-Seine), 9 Hügel 3 von Sainte-Colombe-sur-Seine), 10 Hügel von La Motte (Gem. Cérilly), 11 Hügelgruppe von Crésille (Gem. Pothières).

davon. Die Tote trug zwei prächtige Goldohrringe und an jedem Arm ein breites Armband, ebenfalls aus Gold. Nach verschiedenen Grabungsberichten fanden sich im Fußbereich zwei bis drei Tongefäße, außerdem in jeder Ecke des Grabes jeweils eines. Für zwei eiserne Tüllenbeile ist eine Funktion als Opferbeile nicht auszuschließen. Um das Zentralgrab herum wurde ein mit kleinen Steinen gefüllter Graben von 0,55 m Breite und 0,35 m Tiefe beobachtet. Die Hügelaufschüttung selbst bestand aus verschiedenen Schichten Ton- und Erdmaterials im Wechsel mit Steinlagen.

Im Gegensatz zu dem noch heute monumentalen Tumulus de la Motte von Cérilly (Dm. 60 m, H. 8 m), in dem bei Ausgrabungen im vorigen Jahrhundert ein Goldring, Bruchstücke eines Bronzegefäßes und Eisenteile geborgen wurden, stellte sich der Grabhügel der Fürstin von Vix nur noch als flache, mit Kalksteinen übersäte Erhebung von etwa 40 m Durchmesser dar. Mit einem Suchschnitt stieß der geschichts- und ortskundige Maurice Moisson dort kurz vor Silvester 1952 auf einen Henkel des Kraters und eine der griechischen Schalen. Die nachfolgende Grabung unter René Joffroy erbrachte im Januar und Februar 1953 bei widrigem Wetter das unberaubte Grab einer keltischen Fürstin um 480 v. Chr. zutage. Ca. 35jährig war sie in einer mit Steinen abgedeckten Holzkammer von ca. 3 m Seitenlänge, die 3 m in den Boden eingelassen war, auf einem Wagenkasten mit dem Kopf im Norden beigesetzt worden. Die Räder des Wagens standen abmontiert entlang der Ostwand. Einzigartig wie der Goldhalsring mit Kugelenden und aufgesetzten Pegasuspferdchen ist der in der nordwestlichen Kammerecke stehende, 1,64 m hohe Krater, ein Meisterstück griechischer Toreutik zur Aufnahme von 1100 Litern Wein. Eine Silberphiale und zwei griechische Trinkschalen komplettieren mit einer bronzenen Schnabelkanne und drei Bronzebecken aus Etrurien das wertvolle Weingeschirr.

Weniger durch seine Ausstattung als vielmehr durch seine aufwendige Architektur reiht sich der 600 m südwestlich davon liegende spätbronzezeitliche Grabhügel in die bedeutenden Monumente am Fuße des Mont Lassois ein. Durch eine Sondage im Zentrum hatte R. Joffroy 1954 unter einer Packung aus großen Kalksteinplatten ein

35 Der Goldhalsring aus dem Fürstinnengrab von Vix (Hügel 1), ein Meisterwerk frühkeltischer Goldschmiedekunst der Zeit um 500 v. Chr. (Mus. Châtillon-sur-Seine). Gewicht 480 g.

36 Detail der für die Späthallstattzeit typischen Ornamentik der Kugelenden des Halsrings von Vix.

Das keltische Heiligtum von Vix

37 Der Bronzekrater aus dem Fürstinnengrab von Vix ist mit 1,64 m Höhe das größte erhaltene Bronzegefäß der Antike. Es wurde um 530 v. Chr. in einer großgriechischen Werkstatt, wahrscheinlich Unteritaliens, hergestellt (Mus. Châtillon-sur-Seine).

38 Eine besondere Rarität stellt die Silberschale (Dm. 23 cm) mit vergoldetem Omphalosboden aus dem Fürstinnengrab von Vix dar. Im mediterranen Kulturraum werden entsprechende Schalen als Phialen, als Spendegefäße bei Kulthandlungen, benutzt.

39 Attisch-griechische Fußschale, schwarzfigurig bemalt (sog. Droop Maler), H. 6,5 cm. Das Herstellungsdatum dieser Trinkschale um 520/510 ist wichtigster Datierungsanhaltspunkt für das Fürstinnengrab von Vix.

spätbronzezeitliches Brandgrab mit zehn Tongefäßen und einer Bronzenadel gefunden.

Nachuntersuchungen im Sommer 1994 erbrachten eine Zweiphasigkeit der Grabanlage. Der ursprünglich mit einem Kranz aus senkrechten Kalksteinplatten umstellte Hügel von 22 m Durchmesser erfuhr in der Hallstattzeit eine monumentale Erweiterung auf 33 m. Ein zweiter Steinkranz aus mächtigen Kalksteinblöcken wurde mit nunmehr 28 m Durchmesser vorgesetzt. Davor standen in einer Entfernung von 2,50 m rund um den Hügel Orthostaten von bis zu 1,50 m Höhe, deren Abstand zueinander 2 m betrug.

Diese Nachuntersuchung steht im Kontext des deutsch-französischen Forschungsprojektes »Keltische Fürstensitze westlich des Rheins«, das sich in Trägerschaft der Sociéte archéologique et historique du Châtillonnais, der Association Archéos und dem Archäologischen Verein des Saar-Pfalz-Kreises mit der Untersuchung der Siedlung der Fürstin von Reinheim im Saarland, der Erforschung der Adelsmetropole von Saxon-Sion in den Vogesen und dem Umfeld des Mont Lassois befaßt. Finanzielle Unterstützung gewährten das Ministère de la Culture von Frankreich (Sous-Direction de l' Archéologie), das Ministerium für Wissenschaft und Kultur des Saarlandes (Staatliches Konservatoramt) sowie der Saar-Pfalz-Kreis. Enge Kooperation besteht mit dem Institut für Ur- und Frühgeschichte der Universität Kiel, das die archäozoologischen und archäobotanischen Untersuchungen durchführt.

Im Rahmen dieses Forschungsprojekts wurde zwischen 1991 und 1993 in drei Grabungskampagnen ca. 200 m südwestlich des Fürstinnengrabes ein von einem Graben umfriedeter Platz mit Ausnahme eines Quadranten, der späteren Forschergenerationen vorbehalten bleiben soll, vollständig untersucht: Die Nordwest-Südost ausgerichtete, quadratische Anlage von 23 m Seitenlänge öffnet sich mit einem 1,20 m breiten Durchlaß in der Mitte der Nordwestseite zum Mont Lassois hin. Sie war schon in den sechziger Jahren durch Luftbildaufnahmen von René Goguey entdeckt und 1969 bzw. 1972 von René

Joffroy auf etwa 12 m Länge im Südwestbereich untersucht worden.

Obwohl die Örtlichkeit vom Mont Lassois mit 20 cm auf 30 m zur Seine hin nur ein unbedeutendes Gefälle aufweist, war der antike Begehungshorizont durch Ackerbau und Erosion vollkommen zerstört. Lediglich das Fundmaterial in dem noch 2,50 m breiten und 1,40 m tiefen Sohlgraben vermittelt Aussagen zur Funktion und Datierung der Anlage. Ca. 0,75 m östlich des Eingangs fand sich mitten im Graben in 0,77 m Tiefe das größere Bruchstück einer sitzenden Frauenfigur aus Kalkstein (H. 62 cm, Br. 34 cm, T. 51 cm). Sie lag auf der linken Seite, der Kopf zeigte nach SSO. Von der mit Ausnahme des Torques sehr abstrakt gearbeiteten Statue, deren Arme unter einem langen Gewand auf den Oberschenkeln ruhen, fehlten der Kopf und ab Höhe des Fußgelenkes der gesamte Sitzunterbau. Dicht östlich davon, ebenfalls auf der linken Seite, lag das Bruchstück eines sitzenden Kriegers (H. 46 cm, Br. 34 cm, T. 51 cm) von geschätzt ursprünglich 1,70 m Größe. Hier fehlten der ganze Oberkörper und der Sockel. Einen auf die Oberschenkel herabfallenden Waffenrock tragend, hält seine linke Hand vor den Unterschenkeln einen ovalen, 50 cm hohen Schild mit spindelförmigem Buckel. In Höhe des rechten Unterschenkels erkennt man ein Schwert, eine Verzierung am linken Fuß könnte als Beinschiene gedeutet werden. Vertikalstratigraphisch sind die Figuren einer Schicht zuzuordnen, die über der ersten Erosionsverfüllung mit wohl von baulichen Anlagen aus dem Innern stammenden, größeren Kalksteinen angetroffen wurde.

Die Datierung der beiden Statuen in die Späthallstatt-/Frühlatènezeit ist durch den stratigraphischen Befund gesichert. Sowohl in den beiden genannten Schichten als auch in einer dritten, darüberliegenden Einfüllschicht fanden sich nur Gefäßscherben und Fibeln der Zeit zwischen 500 und 450 v. Chr. Bei Untersuchungen oberhalb der Anlage im Eingangsbereich wurden mit Ausnahme eines späturnenfelderzeitlichen Speicherbaus und zugehörigem Silo keinerlei Siedlungsspuren entdeckt. Insofern steht das Fund-

Das keltische Heiligtum von Vix

40 Der Graben des Heiligtums nach der Freilegung.

41 Die Einfüllung des Grabens wurde mit größter Sorgfalt untersucht, da nur noch hier Hinweise auf ursprünglich im Innern der Kultanlage praktizierte Handlungen zu erwarten waren.

42 Die Entdeckung zweier Steinskulpturen im Eingangsbereich war die eigentliche Sensation der Grabung 1992 gleich zu Beginn der Untersuchung.

material, wie es auch teilweise seine Konzentration an der Innenseite des Grabens belegt, in engem Bezug zu Tätigkeiten im Innern des vor dem Graben umfriedeten Platzes.

Die Frage nach der Funktion der Anlage beantwortet sich, da Siedlungsstrukturen offensichtlich nicht vorhanden sind, möglicherweise durch den Lagebezug, die Zusammensetzung des Fundmaterials oder die einzelnen Gegenstände selbst. Die Lage innerhalb der späthallstattzeitlichen Bestattungszone, etwa 200 m südwestlich des Fürstinnengrabes und 80 m nordwestlich des Grabhügels mit dem Doppelkreisgraben, scheint auf einen engen Zusammenhang hinzuweisen. Ob sich in dem zahlreichen Auftreten der verschiedenen Schalenformen bestimmte Trink- oder Trankopfersitten widerspiegeln, ist mangels untersuchter Siedlungen und dadurch fehlender Vergleichsmöglichkeiten derzeit nicht zu klären, aber auch nicht auszuschließen. Überraschend ist der hohe Anteil von Schädel- und Kieferknochen von Rind, Schaf/Ziege, Schwein und Hund. Er beträgt 85% (22 228 gr.) der zu 90% (26 426 gr.) bestimmbaren insgesamt 2909 Tierknochenfragmente (29 681 gr.) und könnte damit Ausdruck des schon mehrfach nachgewiesenen Schädelkultes sein.

Neben der Lage innerhalb des Gräberfeldes deuten insbesondere die beiden Sitzfiguren auf eine kultische Funktion der Anlage hin. Die Frauenstatue mit dem Torques stellt wahrscheinlich nicht nur irgendeine weibliche Gottheit, sondern das in Stein gearbeitete Bildnis einer vergöttlichten weiblichen Person aus der Führungsschicht des Mont Lassois, vielleicht die Fürstin von Vix selbst, dar. Hierfür spricht die Formenübereinstimmung des Halsrings aus dem Grab mit demjenigen der Statue. Auch der Krieger könnte entsprechend den Überlegungen zur Grabstele von

Das keltische Heiligtum von Vix

43 Kalksteinstatue einer sitzenden Frau mit Halsring, erhaltene Höhe 62 cm.

44 Zwei Ansichten der Kalksteinstatue eines Mannes mit Schwert und Schild, erhaltene Höhe 46 cm.

Hirschlanden auf einen solchen Ahnen- und Heroenkult hinweisen – ein gebräuchliches Instrumentarium zur Machterhaltung einer Führungsschicht. Der archäologische Befund erlaubt bei zurückhaltender Interpretation eine nur vage Vorstellung vom Aussehen des Heiligtums. Aufgrund ihrer Auffindung im Eingangsbereich erscheint es naheliegend, daß die beiden Sitzfiguren dort auf der Innenseite links und rechts zu seiner Überwachung aufgestellt waren. Ein sich daran rundum anschließendes Trockenmauerwerk könnte den heiligen Platz eingegrenzt haben, auf dem unter freiem Himmel an bestimmten Gedenk- oder Feiertagen der Verstorbenen mit Totenmahlen und Opferritualen gedacht wurde. Ob ein etwa 1,5 m tiefer siloartiger Schacht von 1,15 m Durchmesser, der vollständig mit Kalksteinen gefüllt im Zentrum stand, mit der Anlage in Bezug steht, kann mangels Vergleichsmöglichkeiten nicht entschieden werden, ist jedoch wahrscheinlich.

Die abgeschlagenen Köpfe der Figuren deuten neben dem Fundmaterial auf ein gewaltsames Ende des Heiligtums am Übergang der Späthallstatt- zur Frühlatènezeit hin. Wenn sich der bei den Ausgrabungen auf dem Mont Lassois zu diesem Zeitpunkt festgestellte Siedlungsabbruch bestätigt, könnte ein historisches Ereignis größeren Ausmaßes das gesamte Umfeld dieses Fürstensitzes nachhaltig betroffen haben. Obwohl im Fundmaterial deutliche Unterschiede zu den vorhergehenden Ha B3-/Ha C-zeitlichen Anlagen des Typs Langgraben im Bereich von Gräberfeldern und den mittel- bis spätlatènezeitlichen Anlagen des Typs Gournay feststellbar sind, scheint die quadratische Umfriedung eines heiligen Bezirks in übereinstimmenden Vorstellungen zu wurzeln.

Ein »Starker Ort«: Der frühkeltische Opferplatz bei Egesheim, Lkr. Tuttlingen

VON SIBYLLE BAUER UND HANS-PETER KUHNEN

Ortsbeständige Kultplätze der Kelten waren in Südwestdeutschland lange erst seit der Spätlatènezeit archäologisch faßbar. Deshalb war es eine Überraschung, als der Zufall eine wesentlich ältere Kultstätte aus frühkeltischer Zeit preisgab: Kurz vor Weihnachten 1990 erhielten die Archäologischen Sammlungen des Württembergischen Landesmuseums aus dem Kunsthandel ein Weihnachtspaket, das sie nicht bestellt hatten. Inhalt: ein schaumgummigepolsterter Alu-Koffer, in dem dicht aneinandergepackt 114 Fibeln, Ringe, Pfeilspitzen und andere Kleinfunde aus Eisen, Bronze und Gold lagen.

Die insgesamt 68 Fibeln und Fibelbruchstücke waren wie in einem Musterkoffer chronologisch nach ihrer Entstehungszeit geordnet. Die Typenfolge beginnt mit einer bronzenen Schlangen- und einer Bogenfibel (sog. Sanguisuga-Fibel) der beginnenden Späthallstattzeit (Hallstatt D1, 6. Jh. v. Chr.). Es folgen drei einfache Paukenfibeln der mittleren Späthallstattzeit (Hallstatt D2) und zwei Doppelpaukenfibeln der ausgehenden Späthallstattzeit (Hallstatt D3). Besonders häufig sind bronzene Fußzierfibeln mit Pauken- oder Schälchenaufsatz der ausgehenden Späthallstattzeit (Ha D3) aus der Zeit um 500 v. Chr. sowie bronzene und auch eiserne Fibeln der Frühlatènezeit (Latène A, 5.–4. Jh. v. Chr.) mit umgeschlagenem, verziertem Fuß. Nur mit einzelnen oder wenigen Stücken sind Weidacher Fibeln (Hallstatt D3), Tutulus-, Duxer-, Marzabotto- und Certosa-Fibeln (alle Latène A) vertreten. Zu den jüngsten zählen zwei Fibeln vom Mittellatèneschema (Latène C, 3. Jh. v. Chr.).

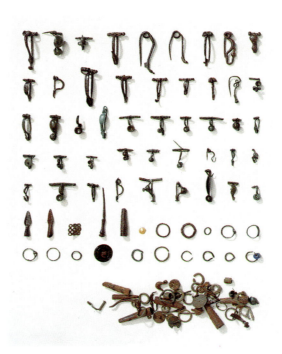

45 Opferfunde vom Heidentor bei Egesheim. Länge der Fibel oben links 9,8 cm.

Während alle diese Fibeln mehr oder weniger weit verbreitete Leitformen der Späthallstatt- und Frühlatènezeit in Südwestdeutschland darstellen, handelt es sich bei der nur 1,8 cm langen Fibel mit Vogelaufsatz um ein singuläres Stück, zu dem es in Süddeutschland bislang keine genaue Parallele gibt. Kostbar war auch der goldene Nietbeschlag von 0,9 cm Durchmesser,

51

Ein »Starker Ort«: Der frühkeltische Opferplatz bei Egesheim

46 Bronzefibel mit Vogelaufsatz aus dem frühkeltischen Opferfund vom Heidentor. Länge 1,8 cm.

der möglicherweise zu einer Fußzierfibel der Späthallstattzeit (Hallstatt D3) gehörte. Raritäten sind die sieben verzierten Eisentüllen mit stumpfer Spitze, die als Pferdestachel, sog. stimuli, gedeutet werden. Ebenfalls in die Lebenswelt des Mannes gehören die beiden zierlichen eisernen Pfeilspitzen. Eine Eisennadel mit gerripptem Kopf steht zeitlich gesehen am Anfang der Fundreihe und muß typologisch als Fremdform gelten.
Außerdem enthielt der Koffer insgesamt 30, z. T. knotenverzierte Fingerringe aus Bronze und Eisen, einen scheibenförmigen, verzierten Anhänger (Tamburinrassel?), ein durchbrochenes Beschläg unbekannter Zeitstellung und weitere nicht sicher bestimmbare Metallteile.
Die Spur dieses zunächst anonym vorgelegten Fundkomplexes konnten Museumsleute, Denkmalpfleger, Kriminalbeamte und schließlich das Amtsgericht Spaichingen bis auf die Schwäbische Alb zurückverfolgen. Der Fundort, an dessen Authentizität nach den Ermittlungen nun kein Zweifel mehr besteht, besitzt bis heute starke Ausstrahlung, und ist auf amtlichen Wanderkarten als Naturdenkmal eingezeichnet: das sog. Heidentor auf der Oberburg bei Egesheim, Lkr. Tuttlingen.

Die Oberburg befindet sich auf der südwestlichen Schwäbischen Alb im Massiv des Großen Heubergs. Mit Lemberg (1015 m), Oberhohenberg (1009 m), Hochberg (1007 m), Plettenberg (1002 m) und Schafberg (1000 m) erreicht die Alb hier ihre höchsten Höhen und bietet am Steilabfall des Albtraufs zum Neckar hin einen weiten Ausblick über das Obere Gäu. Infolge der weichen Deckkalke schneiden jedoch die Nebenflüsse von Neckar und Donau tief in das Heuberg-Massiv ein und gewähren trotz der beträchtlichen Höhenunterschiede einigermaßen bequeme Nord-Süd-Verbindungen.
Die Oberburg selbst ist eine rund 700 m lange und maximal 200 m breite, plateauähnliche Spornkuppe im Weißen Jura, die eine Höhe von maximal 925 m erreicht. Ihre Steilhänge sind von mächtigen Decken abgestürzten, lockeren Juraschutts bedeckt; entlang der Nordseite, zum Bära-Tal hin, brechen die Felsenkalke des Oberburgplateaus streckenweise senkrecht ab, so daß Klippen von mehreren Metern Höhe emporragen. Besonders eindrucksvoll ist am hoch gelegenen Nordwestrand der Hochfläche das sog. Heidentor: Am Oberhang ragt hier zwischen zwei Klippen eine senkrecht stehende Felswand empor, die durch Auswaschung oder Verwitte-

Ein »Starker Ort«: Der frühkeltische Opferplatz bei Egesheim

47 Die Oberburg bei Egesheim von Südwesten.

rung eine ca. 6 m hohe und 4 m breite, torartige Öffnung aufweist. Da Fels und Hangschutt bergseitig muldenförmig ausgespült sind, entsteht der Eindruck, es handele sich um eine riesige Toranlage mit enorm steiler Zufahrt.

Das Spektrum der Fibeln und der anderen Kleinfunde zeigt, daß hauptsächlich in der Hallstatt-D – bis Latène-C-Zeit (7.–4. Jh. v. Chr.) frühe Kelten und besonders Keltinnen diesen Ort geheimnisvoller Ausstrahlungskraft aufsuchten. Etwa zur selben Zeit, als auf der rund 50 km entfernten Heuneburg ein repräsentativer Fürstensitz entstand, begannen Frauen und Männer aus der näheren Umgebung, am Heidentor intakte Fibeln und andere Ausrüstungsgegenstände, möglicherweise einschließlich der (heute nicht mehr erhaltenen) Textilien wie Hauben oder Schleier zu opfern. Dabei sind die formenkundlichen Beziehungen der geopferten Gegenstände zu den entsprechenden Funden von der Heuneburg so eng, daß es sich wohl um dieselbe Bevölkerungsgruppe gehandelt haben dürfte. Allerdings bestand die Opfertradition auf der Oberburg mehrere Generationen länger als der Fürstensitz auf der Heuneburg, da am Heidentor auch noch Fibeln der entwickelten Latènezeit gefunden wurden.

Die Opferhandlungen am Heidentor vollzogen sich damit in einer Zeit, aus der andere Opferplätze kaum bekannt sind. Mit der an einem Naturdenkmal haftenden Kulttradition gehört der Opferplatz auf eine Entwicklungsstufe, in der die Bevölkerung noch keine festen »Gotteshäuser« errichtete, sondern Naturdenkmäler unter freiem Himmel verehrte. Analog läßt sich auch in den Hochkulturen der vorklassischen Mittelmeerwelt beobachten, daß es vor den städtischen Heiligtümern der klassischen Zeit zentrale Kultstätten an landschaftlich herausgehobenen Plätzen außerhalb der festen Siedlungen gab. Mit

Ein »Starker Ort«: Der frühkeltische Opferplatz bei Egesheim

fortschreitender Urbanisierung traten dann hier die Städte als Kultzentren in den Vordergrund, die durch den Bau von festen Häusern für die Götter auch architektonisch hervorgehoben wurden.

Als Keltinnen und Kelten ihren Gottheiten am Heidentor Fibeln und anderen Besitz darbrachten, war die Oberburg selbst kein Siedlungszentrum, sondern lag eher peripher im Einzugsbereich der Heuneburg. In Vergessenheit geriet der Opferplatz nach seinem Fundspektrum im 3./2. Jahrhundert v. Chr., in einer Zeit also, zu der die Kelten im benachbarten Nusplingen ebenso wie vielerorts in Südwestdeutschland anfingen, Viereckschanzen zu errichten. In diesen aber sind die materiellen Zeugnisse von Kultausübung bereits so eng mit den Spuren des profanen Siedlungswesens verbunden, daß man den sakralen Charakter dieser Anlagen bis heute immer wieder bezweifelt.

Welcher Gottheit die Opfer am Heidentor galten, geht aus den Funden und Befunden nicht hervor. Mit ihrem torartigen, zum Steilhang weisenden Durchbruch dürfte die Felsformation für den Kontakt zu Naturgottheiten prädestiniert gewesen sein, wohl am ehesten aus dem Bereich der Fruchtbarkeits- oder Unterweltsgötter. In diese Richtung deutet auch die Zusammensetzung der Opfergaben, die für chthonische Kulte typisch ist.

Aufgrund ihrer besonderen geologischen Beschaffenheit neigen die Jurakalke am Heidentor und seiner Umgebung auch heute noch zu plötzlichen Felsabbrüchen und Bergrutschen, die die Stärke der Naturgewalten eindrucksvoll vorführen. Auch in anderen Gegenden verehrten Kelten oder ihre Nachfahren aus römischer Zeit solche bergrutschgefährdeten Orte, beispielsweise

auf der nicht minder eindrucksvoll aus dem Jura herausmodellierten Schauenburger Flue bei Augst in der Nordschweiz, wo ein gallo-römischer Umgangstempel und ältere Opferfunde die Kulttradition markieren, oder in den »Schweineställen« bei Bollendorf im Trierer Land, wo eine mächtige lateinische Felsinschrift an die Verehrung einer ähnlichen Abbruchkante erinnert.

Wie eindrucksvoll die Gewalt der Erde bei Bergrutschen und -stürzen selbst heute noch empfunden wird, zeigt ein Bericht über den sog. Mössinger Bergrutsch von 1983: ». . . Die Erde kann die Wassermasse nicht mehr schlucken. Gespenstisch langsam beginnen einzelne Baumgruppen, ja ganze Waldstücke in die Tiefe zu rutschen, im nächsten Moment poltern Gesteinsbrocken durch Nebel und Regen, unterbricht das Splittern hundertjähriger Baumstämme die unheimliche Stille. . .« (zitiert nach A. Dieter, Schwäbische Heimat 45, 1994, 265 f.). Daß in einer Welt von Naturgottheiten die Schauplätze solcher Naturkatastrophen als »Starke Orte« verehrt wurden, liegt nahe. Wie sehr archäologische Nachweise solcher Kulttraditionen gerade in den vorgeschichtlichen Naturreligionen von Zufällen abhängen, läßt sich an der Entdeckungsgeschichte des Opferfundes vom Heidentor beispielhaft studieren.

Am Heidentor haben von 1991 bis 1993 Ausgrabungen des Landesdenkmalamts Baden-Württemberg, Abteilung Archäologische Denkmalpflege, Außenstelle Freiburg, stattgefunden. Vorberichte in: Archäologische Ausgrabungen in Baden-Württemberg 1991, 102 ff.; 1992, 99 ff. – Zeitspuren. Archäologisches aus Baden. Archäologische Nachrichten aus Baden 50, 1993, 104 mit Abb. 105.

Die keltischen Heiligtümer Nordfrankreichs

VON JEAN-LOUIS BRUNAUX

Die Ausgrabung der ersten keltischen Heiligtümer wird als eine der großen Erfolge der französischen Archäologie der letzten zwanzig Jahre angesehen. Die Entdeckung eines fundreichen und vielfältig strukturierten Kultplatzes im Jahre 1977 in Gournay-sur-Aronde eröffnete der Forschung neue Erkenntnismöglichkeiten. Erstmals sollte es an einem Beispiel mit Modellcharakter gelingen, die kultischen Praktiken und ihre damit verbundenen architektonischen Einrichtungen zu studieren und zu interpretieren. Die vollständige archäologische Untersuchung des Heiligtums von Gournay sowie die schnelle Publikation der Entdeckungen (3 Bände sind bereits erschienen) führten zu weiteren gleichartigen Ausgrabungen und der Überprüfung alter Funde und Befunde. Derzeit sind in der Picardie etwa 10 keltische Heiligtümer ausgegraben worden und ca. weitere 50 konnten nachgewiesen werden. Diese Forschungen betreffen jedoch auch benachbarte Regionen. In der Champagne, in den Ardennen, in der Ile-de-France sowie in der Normandie wurden einige Kultplätze identifiziert und teilweise ausgegraben. Aber vor allem die in der Picardie durchgeführten Arbeiten waren aufschlußreich für das Verständnis zahlreicher Altfunde aus der Bretagne und den Pays-de-Loire. Dort waren im 19. Jahrhundert gallo-römische Tempel ausgegraben worden, die z. T. beachtliche Mengen keltischen Materials lieferten. Die keltischen Heiligtümer vom »type picard« sind also über ganz Nord- und Westfrankreich verteilt – ein Gebiet, das den antiken Landschaften Gallia Belgica und Aquitanien entspricht.

Die Entdeckung derart vieler keltischer Heiligtümer innerhalb kurzer Zeit war vor allem durch die Orientierung der Forschung an einem ihrer charakteristischen Merkmale möglich. Dieses Charakteristikum tritt auch in Gournay-sur-Aronde deutlich in Erscheinung, nämlich die Überbauung eines alten gallischen Opferplatzes mit gallo-römischen Tempeln, oder anders ausgedrückt, die Kontinuität des Kultes bis in die späte Kaiserzeit. Da die Ausgrabungen anderer keltischer Heiligtümer dieses Phänomen jeweils bestätigten, war es naheliegend, unter jedem gallo-römischen Tempel einen weit älteren Kultplatz zu vermuten. Die jüngsten Untersuchungen – insbesondere die in Ribemont-sur-Ancre – zeigen, daß das Fortbestehen der Kultplätze ein weit verbreitetes Phänomen darstellt, das nur als ungebrochene Kontinuität des gallischen Kultes bis tief in die Kaiserzeit interpretiert werden kann. Diese Forschungen zwingen zu einer Überprüfung des herkömmlichen Bildes der gallo-römischen Religion, das von einer starken römischen Beeinflussung ausgeht. In den ländlichen Gebieten der Gallia Belgica und Aquataniens haben die unter römischer Herrschaft stehenden Gallier ihre Religion sowie ihre religiösen Praktiken sehr lange nahezu unverändert beibehalten.

Auch wenn unser Kenntnisstand über die Entwicklung der gallischen Kultplätze nach der römischen Eroberung sich ständig verbessert, so bleibt die Frage nach ihrem Ursprung doch weiterhin ungeklärt. Die ältesten Heiligtümer der Picardie datieren ins frühe 3. Jahrhundert v. Chr. Kultplätze älterer Zeit, die Aufschluß

Die keltischen Heiligtümer Nordfrankreichs

über ihre Vorgängeranlagen geben, sind nicht bekannt. Das plötzliche Auftreten dieser neuen kultischen Anlagen in der ersten Hälfte des 3. Jahrhunderts – am Ende der Periode der großen keltischen Wanderungen – hat uns veranlaßt, als Hypothese den Zuzug einer neuen Bevölkerung in Betracht zu ziehen, die ihre Religion und deren materielle Manifestationen (Konzeption des sakralen Bereiches und der kultischen Praktiken) mitbrachte. Wenn dies tatsächlich der Fall ist, so müßte es möglich sein, die ursprüngliche Heimat dieser Immigranten zu bestimmen und dort den unseren ähnliche Kultplätze zu suchen. Schließlich müßte man auch die Gründe ermitteln, die für die Standortwahl der neuen Heiligtümer entscheidend waren.
All diese Fragen lassen sich an den Beispielen von Gournay-sur-Aronde und Ribemont-sur-Ancre veranschaulichen.

Das Heiligtum von Gournay-sur-Aronde

Mit diesem Kultplatz, der als einziger vollständig ausgegraben wurde, begann 1977 die Erforschung der keltischen Heiligtümer Nordfrankreichs. Da er zudem als reich und typisch angesehen werden darf, kommt ihm beispielhafte Bedeutung zu.
Er liegt innerhalb der *civitas* der Bellovacer, unweit der Grenze zum Land der Viromanduer, in einer geographisch und archäologisch interessanten Umgebung. Am Südhang des Tales des kleinen Flusses Aronde gelegen, überragt er ein großes Sumpfgebiet um etwa 10 m. Etwa 100 m südlich des Heiligtums befindet sich eine 3 ha große Befestigungsanlage, die in der Früh- (5. Jh. v. Chr.) und in der Spätlatènezeit (Ende des 1. Jh. v. Chr.) besiedelt war. Diese kleine Einfriedung und das Heiligtum liegen wiederum

48 Gournay-sur-Aronde „Parc". Übersichtsplan des Oppidums mit dem Verlauf der nur partiell erhaltenen Wälle und Eintragung der Lage der Grabungsflächen. II Heiligtum, I Gefäßdepot unter einem Hügel. Das Sumpfgebiet im Tal der Aronde war während der Latènezeit wahrscheinlich ein Stausee. Nach Gournay I, S. 28 f.

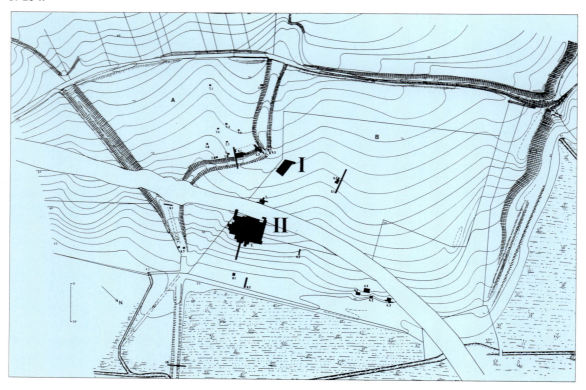

Das Heiligtum von Gournay-sur-Aronde

49 Rekonstruktionsversuch des Gefäßdepots des 4. Jahrhunderts v. Chr. Nach Gournay I, S. 55.

innerhalb einer größeren Befestigungsanlage von 12 ha Ausdehnung, die mit einer Seite an den Fluß Aronde und seine Sümpfe grenzt. Bis jetzt wissen wir nicht, ob dieses Befestigungswerk zeitgleich mit dem Heiligtum ist.

An der Westseite des Heiligtums fand sich ein kleiner Hügel von etwa 10 m Durchmesser, in dessen Zentrum eine kleine quadratische Grubenanlage mit einer Seitenlänge von 2 m lag. Entlang der vier Seiten waren etwa 20 Tongefäße nebeneinander aufgestellt; die innere Fläche war leer. Eine Untersuchung der Gefäße zeigte zum einen, daß es sich um Material des 4. Jahrhunderts v. Chr. handelt, und zum anderen, daß die Grube lange Zeit offen gestanden hat. Wir nehmen daher an, daß sich hinter diesem eigenartigen Befund eine kultische Einrichtung verbirgt, die älter ist als das eigentliche Heiligtum. Dieser kleine Kultplatz könnte für die Platzwahl des großen Heiligtums eine Rolle gespielt haben.

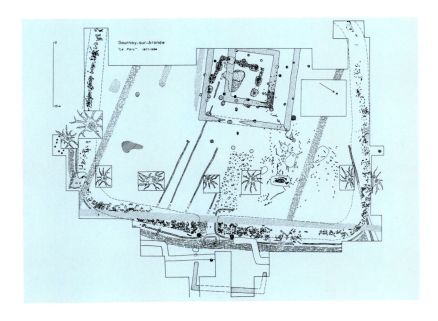

50 Gesamtplan des Heiligtums von Gournay mit Eintragung der Strukturen aller Epochen. Im Hauptgraben der Umfriedung ist die Fundsituation der Knochen- und Waffendeponierungen zu erkennen. Nach Gournay I, S. 60 f.

57

Die keltischen Heiligtümer Nordfrankreichs

Das Heiligtum präsentiert sich als eine Einfriedung mit viereckigem Grundriß. Die West- und die Ostseite haben eine Länge von 45 m, die Nord- und Südseiten sind jeweils 38 m lang. Der Eingang dieser Einfriedung liegt in der Mitte der Ostseite, also auf den kleinen Fluß und seine Sümpfe hin ausgerichtet. Damit öffnete sich der Sakralbereich zugleich in Richtung aufgehender Sonne und zu Wasserflächen hin, die möglicherweise als Wohnort von Unterweltgottheiten angesehen wurden.

Das Begrenzungssystem der sakralen Einfriedung war sehr komplex: Es hatte eine lange Entwicklungsgeschichte, von der noch Spuren erhalten waren. Die erste Einfriedung wurde im Verlauf des 4. Jahrhunderts sicherlich im Zusammenhang mit dem oben erwähnten Hügel angelegt. Dieser umgrenzte Platz war von einem mehr als 2 m breiten und etwa 2 m tiefen Graben umgeben, der bis zum Ende des 2. Jahrhunderts v. Chr. offenstand und dessen Lage sowohl für die Situierung des Heiligtums als auch für die des Eingangs bestimmend war. Anfang des 3. Jahrhunderts v. Chr., zur Zeit des monumentalen Ausbaus des Heiligtums, wurde der Graben mit Holz verschalt, um ihn vor Witterungseinflüssen zu schützen. Vor dem Graben errichtete man eine mächtige Palisade und davor einen weiteren Graben. Von da an diente der ältere Graben, der nun keine wirkliche Einfriedungsfunktion mehr

51 Das Zentrum des gallischen Heiligtums während der Ausgrabung. Erkennbar die große Opfergrube, umgeben von neun peripheren Gruben.

52 In situ dokumentierte Knochen und Waffen im Grabenabschnitt unmittelbar südlich des Tores. Der Opfergraben wird von einer Grube augusteischer Zeit überschnitten. Nach Gournay I, S. 216.

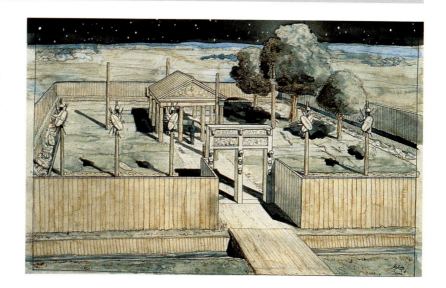

53 Rekonstruktionsversuch des Heiligtums von Gournay im 2. Jahrhundert v. Chr. In der Mitte ein tempelartiges Holzgebäude mit dem Altar in Form einer Opfergrube; die Umfriedung mit äußerem Graben, Palisade und innerem Graben, in diesem Überreste der Waffen- und Tieropfer. Am Tor zur Schau gestellte Stierschädel und Menschenköpfe, dahinter an Pfählen angebrachte Waffentrophäen. Nach J. C. Golvin, Edition Errance.

hatte, als Deponierungsort für Überreste von Opfern und Trophäen. Er behielt also eine wichtige Funktion im Kultgeschehen.
Während der Ausbauphase des Heiligtums im 3. und 2. Jahrhundert v. Chr. präsentierte sich die Einfriedung also kaum anders als ein kleines befestigtes Lager, umschlossen von einem Graben und einer hohen Holzpalisade, die den Blick ins Innere der Anlage verstellte. Auch die Eingangssituation gestaltete sich komplex. Die Lage des Eingangs – es handelte sich ursprünglich lediglich um eine einfache Unterbrechung des Grabens auf einer Länge von 3 m – war durch die erste Umfriedung von vornherein festgelegt. Der Ausbau des Heiligtums am Anfang des 3. Jahrhunderts v. Chr. brachte auch eine Änderung des Eingangs mit sich; es wurde ein Tor eingebaut, davor eine große Grube angelegt. Der Eingang der Umfriedung des 4. Jahrhunderts v. Chr. befand sich nun nicht mehr in einer Achse mit den im Zentrum der Umfriedung liegenden Opferstellen des 3. Jahrhunderts. Als diese im Verlauf des 2. Jahrhunderts v. Chr. durch einen Tempel mit quadratischem Grundriß ersetzt wurden, erweiterte man den Eingang um 2 m in nördliche Richtung. Der neue Tempel war so nach Osten ausgerichtet, daß die Symmetrieachse des Tempels mit der des Eingangs übereinstimmte. Der Eingang erhielt einen monumentalen Portalvorbau. Dazu wurde ein auf sechs Pfeilern ruhendes Bauwerk errichtet, das den ganzen Durchgangsbereich und einen über den äußeren Graben führenden Steg überspannte. Dieses möglicherweise ziemlich hohe Bauwerk dürfte an der Außenseite der Einfriedung einen Fassadengiebel aufgewiesen haben. Eventuell gab es in diesem Bauwerk ein Podest für die Zurschaustellung von zahlreichen Trophäen und Rinderschädeln. In der Tat wurden entsprechende Reste in dem ursprünglichen Graben beiderseits des Eingangs gefunden. An der Fassade selbst waren menschliche Schädel befestigt. Ein solcher Eingang – eine Art Schleuse zwischen profaner Welt und Sakralbereich – erinnert in gewisser Hinsicht an die Propyläen griechischer Heiligtümer. Und genau diesen Terminus verwendet Strabon zur Bezeichnung des Ortes, an dem die gallischen Krieger die Schädel ihrer Feinde anbrachten.
Im Inneren der Einfriedung gab es, zumindest entlang der östlichen Seite des offengebliebenen älteren Grabens, eine weitere, rein symbolische Umhegung, die sich aus Trophäen zusammensetzte. Letztere wurden zwar nicht – wie in Ribemont – in situ gefunden, aber die ursprüngliche Existenz dieser symbolischen Begrenzung wird

Die keltischen Heiligtümer Nordfrankreichs

dadurch angezeigt, daß entsprechende Trophäen in regelmäßigen Abständen von 5 m in den Graben geworfen worden waren. In Gournay bestanden diese Trophäen vornehmlich aus Schwertern, Schwertscheiden und Schilden. Lanzen waren in geringerer Zahl als in Ribemont vorhanden. Ob auch Teile menschlicher Körper in diese Trophäen mit eingebaut waren, bleibt ungeklärt.

Das Innere des heiligen Bezirks, eine relativ kleine Fläche von ca. 10 a, ist geprägt durch ein genau im Zentrum liegendes Opferareal. Wie das gesamte Heiligtum läßt sich auch für das zentrale Opferareal eine lange historische Entwicklung nachweisen. Wir wissen nicht, ob es auch schon während der ältesten Phase des Kultplatzes genutzt wurde. Da es sich bei diesen Opferaltären um Opfergruben handelt, überschnitten und zerstörten die verschiedenen jüngeren Erweiterungen häufig die älteren Anlagen. Wahrscheinlich existierte aber bereits zu Beginn des 3. Jahrhunderts v. Chr. eine erste Opfergrube, die eine zylindrische Form hatte. Ab dem ersten Viertel des 3. Jahrhunderts wurde diese Opfergrube zu einer 3 m langen und 2 m tiefen ovalen Anlage erweitert. Diese umgab man mit neun deutlich kleineren zylindrischen Gruben von 1,2 m Durchmesser. Diese Opfereinrichtungen waren mit einem chthonischen Götterkult verbunden. Die Opfertiere (hauptsächlich Rinder) wurden unzerteilt in der Grube versenkt und blieben etwa sechs Monate darin – so lange, bis die Fleischpartien sich zersetzten. Die Verwesung brachte man mit der Nahrungsversorgung der unterirdischen Götter in Verbindung.

Die Stelle, an dem das Opfer vollzogen wurde, befand sich am östlichen Rand der großen Grube, dort wo ein Pfostenloch die geometrische Mitte der gesamten Einfriedung markiert. Wahrscheinlich band man dort das Tier vor dem Schlachten an.

Das aus der großen und den neun peripheren, kleinen Gruben gebildete Befundensemble ist alt. Die große zentrale Grube, die ebensolange wie das Heiligtum selbst benutzt wurde, war vermutlich seit dem ausgehenden 3. Jahrhundert v. Chr. von einem Gebäude überspannt, dessen Funktion primär in der Überdachung der Opferstelle bestand, um die Kulthandlungen auch bei schlechtem Wetter vollziehen zu können. Die Pfosten dieses Baus waren direkt in die peripheren Gruben hineingesetzt worden, was dem Gebäude einen apsidialen Grundriß gab. Ob dieses Bauwerk geschlossene Seitenwände hatte, wissen wir nicht, wenn ja, dürfte es das Aussehen einer Halle gehabt haben. Das Innere wurde größtenteils von der Opfergrube eingenommen.

Im Verlauf des 2. Jahrhunderts v. Chr. wurde dieser Bau durch einen anderen mit nunmehr quadratischem Grundriß und 6 m Seitenlänge ersetzt. Das neue Gebäude hatte an der Nord-, Süd- und Westseite feste Wände, nach Osten blieb es vollkommen offen. Es ist sehr schwierig, sich das Äußere dieses Bauwerkes vorzustellen. Die an der Ostseite wie Säulen aufgestellten Pfosten erinnern an klassische Tempel, und es ist durchaus möglich, daß sie einst einen dreieckigen Frontgiebel trugen (Rekonstruktion S. 59). Dies würde erklären, warum der apsidiale Grundriß durch einen quadratischen ersetzt wurde: letzterer ermöglichte die Errichtung eines Satteldachs. Die drei festen Wände waren mit Strohlehm verputzt. Wie schon im Vorgängerbau nahm auch in diesem die Opfergrube den größten Teil des Innenraums ein. Deshalb ist es problematisch, ihn als Tempel zu bezeichnen, denn unter Tempel versteht man vor allem die Wohnstätte einer Gottheit. Die beiden ältesten Bauwerke des keltischen Heiligtums von Gournay müssen somit vornehmlich als überdachte Opfergruben angesehen werden.

Im Falle von Gournay scheint die Frage der Ausrichtung der Gebäude, Opferplätze und des Eingangsbereichs des Heiligtums von wesentlicher Bedeutung zu sein. Ihr konnte intensiv nachgegangen werden, da bei den Ausgrabungen die gesamte Fläche des Heiligtums gleichzeitig freigelegt wurde und damit Fluchtlinien und Ausrichtungen vor Ort untersucht werden konnten. Der Zugang zur Einfriedung des ursprünglichen Heiligtums aus dem 4. Jahrhundert v. Chr. war ONO orientiert. Im Gegensatz dazu war das am Anfang des 3. Jahrhunderts angelegte, aus den

Das Heiligtum von Gournay-sur-Aronde

54 Versuch einer Phasengliederung des Heiligtums von Gournay.
Phase I: 4. Jahrhundert v. Chr.,
Phase II: 4./3. Jahrhundert v. Chr.,
Phasen III und IV: 2. Hälfte
3. und 2. Jahrhundert v. Chr.,
Phase V: 1. Jahrhundert v. Chr.,
Phase VI: 4. Jahrhundert n. Chr.

Legende Phasen I–VI:
- Graben
- Wall
- Palisade
- Pfosten
- Grube
- Mauer

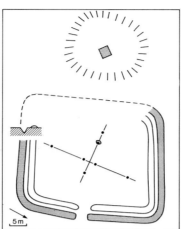
Phase I

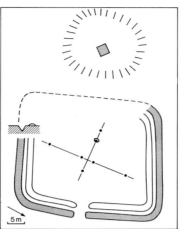
Phase II

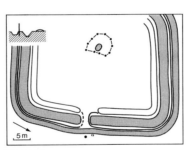
Phase III

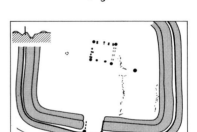
Phase IV

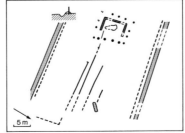
Phase V

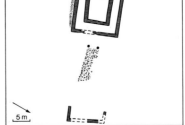
Phase VI

61

Die keltischen Heiligtümer Nordfrankreichs

zehn beschriebenen Gruben bestehende Ensemble genau nach Osten ausgerichtet, was mit der Achse der aufgehenden Sonne zur Sommersonnenwende korrespondiert. Diese Ausrichtung stand sicherlich mit der Nutzung des Heiligtums und dem Ablauf der Opfer in Verbindung und war möglicherweise zugleich ein Hinweis auf das wichtigste der jährlich im Heiligtum begangenen religiösen Feste. Damit lag im Nachfolgebau des 3. Jahrhunderts die Längsachse der zentralen Opfergrube nicht in der Fluchtlinie des Eingangs. Die Festlegung durch den bereits zu einem früheren Zeitpunkt in seiner Lage fixierten Heiligtumseingang zum einen sowie die Orientierung der Opferstelle auf den Sonnenaufgang an einem bestimmten Datum zum anderen war also verbindlicher als das Gebot einer korrekten Fluchtlinienführung. Dennoch wurde bei Errichtung des zweiten, sehr viel monumentaleren Gebäudes dieser Schönheitsfehler des Heiligtums behoben. Das Bauwerk richtete man wieder ONO aus, und der Eingang zur Umfriedung wurde vergrößert, so daß der Portalvorbau in einer Achse mit dem Pseudotempel lag.

Das innerhalb der Einfriedung liegende Areal war in verschiedene Zonen eingeteilt, die jeweils unterschiedlichen Funktionen dienten. Wie bereits zuvor erwähnt, wurde der zentrale Bereich von der Opfergrube eingenommen und diente Opferhandlungen. Der gesamte innere Rand der Einfriedung, ein 3–4 m breiter Streifen entlang des ursprünglichen Grabens, war der Zurschaustellung von Trophäen vorbehalten. Die Trophäen waren dort teilweise erhöht, aber teilweise vielleicht auch direkt auf dem Boden aufgestellt. Außer den Priestern, denen es oblag, die Trophäen zu präparieren und aufzustellen sowie die Überreste nach ihrer Zurschaustellung in den Graben zu werfen, betrat niemand diese Zone. Möglicherweise war sie auch – wie bei den Heiligtümern von Saint-Maur und Ribemont-sur-Ancre – mittels eines Zaunes vom übrigen Innenbereich getrennt. Der Rest der inneren Fläche, d. h. der Umkreis der Opferstelle, teilte sich in drei Zonen auf. Der Bereich zwischen dem Portalvorbau und der zentralen Opferstelle diente als Weg bzw. als Verkehrszone. Südlich

der Opferstelle fand sich eine etwa 300 m² große befundfreie Fläche. Möglicherweise wurde sie bei Opfermahlen genutzt, wie sie in Gournay nachweislich stattfanden. Im Norden war eine Fläche entsprechender Größe übersät mit Spuren von Astwerk, die sich in einer lehmigen Aufschüttung erhalten hatten, und mit Gruben, die ebenfalls nichts als Überreste von Geäst enthielten. Die Deutung dieses Areals schwankt zwischen zwei Hypothesen: Entweder handelte es sich um ein Gehege für die zum Opfer vorgesehenen Tiere oder es war ein heiliger Hain.

Die religiösen Aktivitäten im Heiligtum von Gournay sind im Vergleich zu anderen Kultplätzen verhältnismäßig gut bekannt. Zwei Formen ritueller Handlungen sind vorherrschend. Die eine betrifft das Tieropfer, die andere die Waffentrophäen. Bei den Tieropfern lassen sich zwei Arten unterscheiden: zum einen den bereits erwähnten Ritus für die chthonischen Götter, zum anderen das Opfermahl. Ersterer betrifft ausschließlich Rinder. In dem inneren Graben wurden die Überreste von 40 Kühen, Ochsen und Stieren gefunden. Obwohl die Zahl der in Gournay geopferten Tiere möglicherweise höher anzusetzen ist, stellen bereits 40 Rinder eine beträchtliche Anzahl dar, denn man opferte den Göttern jeweils ein ganzes Tier; nichts davon wurde von den Menschen zum Verzehr abgezweigt. Das Töten des Tieres erfolgte zumeist mittels eines Beilhiebes auf das Genick, aber auch andere Tötungsarten wie ein Lanzenstoß, ein Schlag mit dem Beil auf die Stirn oder das Durchschneiden der Kehle lassen sich nachweisen. Diese zu Ehren der Unterweltgottheiten geopferten Rinder, die durchweg bereits sehr alt waren, wurden unmittelbar nach der Tötung in die zentrale Grube gestoßen. Nachdem das Fleisch des Tieres in der Opfergrube verwest war, holte man das zurückgebliebene Skelett wieder heraus und reinigte den Grubenboden sorgfältig. Anschließend wurde der Schädel abgetrennt und möglicherweise am Eingangsportal plaziert. Zur Deponierung der restlichen Skeletteile diente der innere Graben. Die Rinderschädel durchliefen den gleichen Prozeß wie die Waffentrophäen: Im Anschluß an ihre Zur-

62

Das Heiligtum von Gournay-sur-Aronde

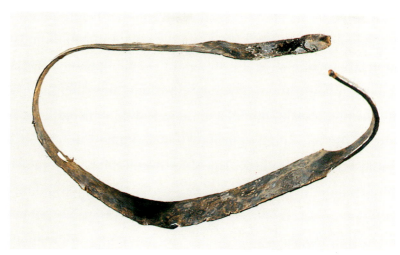

56 Eine eiserne Schwertklinge aus Gournay, die nach jahrzehntelanger Zurschaustellung auf einer Trophäe absichtlich verbogen und in den Graben geworfen wurde.

55 Gallische Eisenschwerter des 3. und 2. Jahrhunderts v. Chr. aus dem Heiligtum von Gournay.

57 Ein eiserner Schildbuckel mit Beschädigungen durch Lanzenspitze und Lanzenschuh.

schaustellung wurden sie zerstört, die Vorderschädel mit Hilfe eines Schwertes oder eines Hiebmessers abgetrennt und die Überreste in den Graben geworfen.

Die anderen Tieropfer entsprechen mehr der üblichen Art und betreffen Schwein und Schaf. Gefunden wurden die Knochen der jeweils besten Teile der Tiere (Schinken und Keule), die verzehrt worden waren. Es handelt sich um sehr junge Tiere (Lämmer und Ferkel), was belegt, daß die Menschen bei den gemeinsamen Mahlen mit den Göttern (durchweg fehlten die Tierrümpfe) danach strebten, das beste Fleisch zu verzehren. Den Hund ereilte das gleiche Schicksal, er dürfte als Gericht eine willkommene Abwechslung gewesen sein.

Die anderen in Gournay nachgewiesenen Riten betreffen die Waffen. Mit größter Wahrscheinlichkeit handelt es sich um auf dem Schlachtfeld eingesammelte gegnerische Waffen, die in dem Heiligtum als Trophäen aufgestellt wurden. Es gab wenigstens zwei verschiedene Arten von Trophäen. Die erste, besser erfaßte, ist die Ausstellung einer großen Anzahl von Waffen direkt über dem Portalvorbau, wo sie den menschlichen Schädeln und den Rinder- und Pferdeschädeln zur Seite gestellt wurden. Unter diesen Waffen fanden sich auch Wagenteile. Die enorme Menge legt nahe, daß der Portalvorbau über dem Durchgang mit einer Art Podest ausgestattet war, einer Vorrichtung, auf der alle diese Objekte deponiert wurden. Weitere Trophäen fanden sich innerhalb der Einfriedung entlang des inneren Grabens. Ihre ursprüngliche Anordnung kennen wir nicht, denn sie wurden nicht in situ gefunden. Aber ihre in den Graben geworfenen Überreste verraten, daß sie jeweils in Abständen von etwa 5 m zueinander plaziert waren. Wenn man den durch die Grabung in Ribemont-sur-Ancre gegebenen Hinweisen glaubt, so waren diese Trophäen wahrscheinlich anthropomorph gestaltet. Eine Auswertung der im inneren Graben gefundenen Waffen zeigt, daß über 300 mehr oder weniger vollständige Ausrüstungen in das Heiligtum kamen. Sie waren alle nicht neu und einige der gefundenen Spuren können nur auf Kampfhandlungen zu-

rückgeführt werden. Daher ist anzunehmen, daß es sich um auf dem Schlachtfeld eingesammelte Kriegsbeute handelt. Die Waffen wurden jeweils einige Jahrzehnte als Trophäen ausgestellt, bis die Leder- und Holzteile vollständig vergangen waren und die Metallteile zu Boden fielen. Anschließend wurden sie vollständig zerstört (verbogen, zerschnitten, zerschlagen, zerstückelt) und schließlich im Graben deponiert.

Die ältesten Waffen lassen sich an das Ende der Periode Latène B 2, das heißt ins frühe 3. Jahrhundert v. Chr. datieren. Während der gesamten Mittellatènezeit, also bis Ende des 3. Jahrhunderts v. Chr., kamen relativ kontinuierlich weitere Waffen hinzu. Insgesamt fanden sich mehr als 2000 Waffen im Graben des Heiligtums in Gournay.

In demselben Graben wurden etwa 60 menschliche Knochen gefunden, die ca. zwölf Erwachsenen, darunter auch Frauen, zugeordnet werden konnten. Alles, was man von ihnen weiß ist, daß ihnen mit einem Messer die Gliedmaßen abgetrennt worden waren. Aus welchem Anlaß und zu welchem Zweck? Es ist schwierig, darauf eine Antwort zu geben. Ungesichert ist, ob die im Bereich des Portalvorbaus gefundenen Schädelteile zu denselben Individuen gehörten. Mindestens sechs menschliche Schädel waren über diesem Portalvorbau zur Schau gestellt gewesen. Sie waren vor Ort präpariert worden. Zuerst

58 Menschlicher Halswirbel. Gut sichtbar sind die Spuren eines Messers, mit dem die Enthauptung ausgeführt wurde.

59 Fundamente des über den gallischen Strukturen im 4. Jahrhundert n. Chr. errichteten gallo-römischen Tempels in Steinbauweise.

hatte man die Köpfe am Genick abgetrennt, um anschließend sicherlich die Fleischteile und – besonders durch Vergrößerung des Hinterhauptloches (foramen magnum) – das Gehirn zu entfernen. Wie die anderen zur Schau gestellten Stücke blieben auch die Schädel lange Zeit an diesem Ort. Das läßt sich daran festmachen, daß in dem betreffenden Zeitraum die Schneide- und Eckzähne, also die einwurzeligen Zähne, ausfielen. Am Ende ihrer Ausstellungszeit wurden die Schädel nicht in den Graben geworfen, sondern sorgfältig eingesammelt.

Das Heiligtum von Gournay durchlief einen komplexen historischen Prozeß. Seine Ursprünge wurden bereits weiter oben angesprochen. Seine Blütezeit fällt mit der gesamten mittleren Latènezeit zusammen. Gegen Ende des 2. Jahrhunderts, genauer gesagt um 125 v. Chr., wurde das Heiligtum planmäßig geräumt: Die Gebäude und die Umfriedungsmauern zündete man an, der die deponierten Opferreste enthaltende Graben wurde aufgefüllt; der Boden des Heiligtums scheint sorgfältig gereinigt worden zu sein. Es gibt zwei mögliche Erklärungen für diese planmäßige Räumung: Sie ist möglicherweise die Folge der ersten germanischen Einfälle in diese Region (es ist bekannt, daß die Bellovacer die Germanen tapfer bekämpften); in diesem Fall könnten die Benutzer des Heiligtums es vorgezogen haben, die *sacra* in Sicherheit zu bringen. Andererseits könnten diese Vorgänge aber auch das Ergebnis einer veränderten religiösen und politischen Einstellung sein.

Im Verlauf des 1. Jahrhunderts v. Chr. wurde das Heiligtum erneut in Benutzung genommen, aber es entwickelten sich weder die gleichen Aktivitäten noch entstand das gleiche Erscheinungsbild wie vor seiner Zerstörung. Die Opferstelle wurde wieder genau über der großen Grube eingerichtet, aber nicht mehr als Grube

Die keltischen Heiligtümer Nordfrankreichs

im Boden, sondern in Form einer Feuerstelle von 2,5 m Durchmesser. Über der Feuerstelle wurde ein Gebäude errichtet, das dem Vorgängerbau sehr ähnelte, ebenfalls nach Osten hin offen blieb, aber an drei Seiten von einem Umgang umgeben war. Dieses Bauwerk leitet architektonisch über zum Fanum, dem gallo-römischen Umgangstempel. Am Ende des 1. Jahrhunderts v. Chr. war es jedoch bereits wieder zerstört. Es gibt keine Funde, die in die mittlere Kaiserzeit datieren. Möglicherweise wurden alle Spuren vorheriger gallo-römischer Konstruktionen durch einen in der späten Kaiserzeit an dieser Stelle errichteten Tempel vernichtet. Dieser jüngste Tempel wurde bis weit in das 4. Jahrhundert hinein unterhalten.

Das Heiligtum von Ribemont-sur-Ancre

Dieses etwa 50 km nordöstlich von Gournay gelegene Heiligtum ist sicherlich der besterhaltene und reichste latènezeitliche Kultplatz des keltischen Europa. Aus diesem Grund schreitet die Ausgrabung langsam voran. Derzeit ist erst ein Drittel der Fläche seiner Haupteinfriedung bekannt. Um seine Architektur und seinen Betrieb verstehen zu können, muß man sich auf das Modell beziehen, das mit dem Heiligtum von Gournay-sur-Aronde zur Verfügung steht.

Das Heiligtum liegt auf einem NNO orientierten Abhang, etwa 1 km entfernt von einem kleinen sumpfigen Fluß. Zwischen Heiligtum und Fluß ist im Hang ein nur sehr leicht nach SSW abfallendes rechteckiges Areal von riesigem Ausmaß zu erkennen. Diese etwa 70 ha große Fläche wird von einem ausgedehnten gallo-römischen Komplex eingenommen. Die exakte Ausdehnung des latènezeitlichen Fundplatzes ist uns nicht bekannt. Mehrere Anzeichen weisen jedoch darauf hin, daß auch er beträchtliche Dimensionen hatte: Auf einer Fläche von mehreren Hektar wurde latènezeitliches Material gefunden; die großen gallo-römischen Freiflächen, in deren Zentrum sich das Theater und die Thermen befinden, werden von langen Gräben markiert, die auf Luftaufnahmen sichtbar sind. Sie könnten vorrömischen Ursprungs sein.

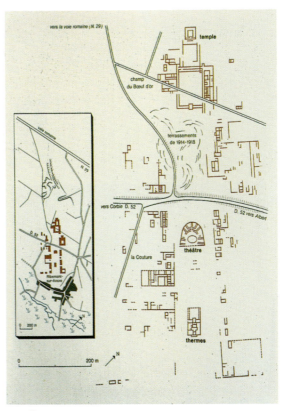

60 Übersichtsplan des Heiligtums von Ribemont-sur-Ancre in gallo-römischer Zeit. Auf der Mittelachse liegen das Heiligtum, das Theater und die Thermen. Plan von R. Agache und B. Bréart.

Gegenwärtig kennen wir von der latènezeitlichen Anlage nur den westlichen Teil, der dem Heiligtum im engeren Sinne entspricht. Im Grundriß erscheint das Heiligtum als ein komplexes Ensemble verschachtelter Einfriedungen, deren Umrißlinien uns teilweise durch die Grabungen, weit besser aber durch Luftaufnahmen bekannt sind. Die Kultzone ist großflächig durch eine ovale Einfriedung abgegrenzt, deren Durchmesser 150 x 180 m beträgt. Sie wird durch einen Graben gebildet, der dazu diente, eine Palisade aufzunehmen. Der Verlauf dieses Grabens wurde in gallo-römischer Zeit verändert. Im Mittelpunkt dieses riesigen Areals befindet sich eine quadratische Einfriedung, wie sie für spätkeltische Heiligtümer charakteristisch ist. Ihre Ausmaße sind die gleichen wie in Gour-

66

Das Heiligtum von Ribemont-sur-Ancre

61   Luftbild des Heiligtums von Ribemont. Erkennbar sind drei viereckige Einfriedungen, umgeben von einem runden Graben; sie gehören zum vorrömisch-keltischen Kultbezirk. Foto R. Agache.

62   Luftbild des Heiligtums von Ribemont. Im Vordergrund die gegenwärtigen Ausgrabungen, im dahinter liegenden Feld gut sichtbar der gallo-römische Tempel. Foto R. Agache.

Die keltischen Heiligtümer Nordfrankreichs

nay, d. h. die Seitenlänge beträgt etwa 40 m. Sie ist, ebenso wie die ovale Einfriedung, durch einen ansehnlichen Graben von 2,80 m Tiefe und einer ursprünglichen Breite von etwa 3 m markiert. Auch der Graben der quadratischen Einfriedung diente der Aufnahme mächtiger Pfosten, die eine Palisade bildeten. Wie wir später sehen werden, begrenzte diese Einfriedung die heiligste Zone, die der Opferstellen. An ihre Ostseite schließt sich eine etwas größere, ebenfalls quadratische Einfriedung, gebildet von einem flacheren Graben von 1,50 m Tiefe, in dem ebenfalls Pfosten aufgestellt waren. Die zuletzt genannte Anlage ist etwas jünger als die zentrale Einfriedung; beide Einrichtungen wurden jedoch zeitlich parallel benutzt. Beide stießen an die Ostseite der Haupteinfriedung. Westlich der zentralen Einfriedung, an der Stelle des großen Monumentaltempels des 2. und 3. Jahrhunderts n. Chr., befindet sich eine dritte entsprechende Anlage mit viereckigem Grundriß, die zeitgleich mit der zentralen Einfriedung sein könnte.

Es ist derzeit schwierig, die Funktion jeder dieser Einfriedungen und ihr chronologisches Verhältnis zueinander zu verstehen. Die Ausgrabung hat jedoch gezeigt – und die Luftbildaufnahmen bestätigen dies – daß der Grundriß des im 3. und 2. Jahrhundert v. Chr. angelegten Heiligtums in der augusteischen Zeit und dann im 1. und 2. Jahrhundert n. Chr. peinlich genau wiederaufgegriffen wurde. Dies wirft natürlich die Frage auf, ob der Rückgriff auf den Grundriß nicht zwangsläufig auch mit einem Wiederaufleben der alten Funktionen einherging. In bezug auf die zentrale Einfriedung ist die Antwort klar: Es handelt sich um den wichtigsten Opferbereich seit den Anfängen des Heiligtums bis ins erste nachchristliche Jahrhundert hinein. Das im Osten liegende abgeschlossene Areal kann für die römische Zeit möglicherweise als Forum interpretiert werden. Die Ausgrabung zeigt, daß seine Benutzung deutlich von der der älteren Einfriedung abweicht. Während Waffen und menschliche Knochen schwach vertreten sind, trifft man in dieser jüngeren Anlage auf zahlreiche Tierknochen. Auf der den beiden aneinanderstoßenden Einfriedungen gemeinsamen Seite

ist eine Verbrennungsfläche nachweisbar, die vom Ende des 2. Jahrhunderts v. Chr. bis zum 2. Jahrhundert n. Chr. in Gebrauch war. Die Verbrennungsfläche ist etwa 15 m breit und könnte in ihrer Ausdehnung der Seitenlänge der Einfriedungen entsprechen, d. h. etwa 40 m. Diese Fläche korrespondiert mit der Lage eines teilweise bekannten, mittel- und spätlatènezeitlichen Gebäudes, bei dem es sich um den Portalvorbau des Heiligtums handeln könnte. Wie in Gournay fanden sich dort die einzigen Fragmente menschlicher Schädel. Diese östliche Einfriedung könnte in gallischer Zeit eine Doppelfunktion gehabt haben, indem sie partiell zu Opferzwecken (man trifft dort auf Reste geopferter Tiere) und andererseits zu profanen Zwecken (auf dem Rest des inneren Areals sind keine Anzeichen sakraler Benutzung mehr anzutreffen) diente. Die Schleusenfunktion ist in gallo-römischer Zeit gut an der Verbindung der Portiken durch zwei Gänge erkennbar, die den Pilger zwang, auf verschlungenem Wege sich anzunähern. Von der westlichen Einfriedung ist derzeit nur der große Tempel des 2. und 3. Jahrhunderts n. Chr. bekannt. Wir wissen noch nicht, ob diese auffällige Lage auf eine alte Kontinuität zurückgeht oder ob sie auf eine Verlagerung der gallischen Anlage zurückzuführen ist, die sich ursprünglich in der zentralen Einfriedung befand.

Wie bereits erwähnt, wurde das Heiligtum in gallo-römischer Zeit um zwei große, trapezförmige Freiflächen von 30 ha Grundfläche verlängert. Im Zentrum der größeren Freifläche befindet sich das Theater, etwas östlich davon – aber ebenfalls in der Symmetrieachse – liegen die Thermen. Da die Luftaufnahmen an den Seiten der großen Einfriedungen geradlinige Gräben sichtbar gemacht haben, muß gefragt werden, ob es sich nicht auch bei den Freiflächen um in gallischer Zeit abgegrenzte Areale handelt, die sorgfältig wiederhergerichtet und bis weit in gallo-römische Zeit hinein benutzt wurden. Das Vorhandensein gallischer Waffen in nächster Umgebung des Theaters und die Respektierung der großen Freiflächen (die gallo-römische Stadt entwickelte sich um sie herum und nicht, wie

68

sonst üblich, an einer Wegkreuzung) legen nahe, darin gallische Strukturen zu sehen, die sicherlich in einem Zusammenhang mit den Kultanlagen standen, aber eine etwas abweichende Funktion gehabt haben könnten. Wir wissen, daß die Gallier die meisten ihrer Versammlungen in der Nähe der Heiligtümer abhielten und daß anläßlich von Wahlen oder Kriegsräten außer dem Senat auch ein Teil der Bevölkerung anwesend war. Somit kamen häufig Tausende oder auch Zehntausende Menschen zusammen. Der dafür notwendige Platz dürfte hinsichtlich Größe und Schlichtheit der Konzeption in etwa mit dem Marsfeld in Rom zu republikanischer Zeit vergleichbar sein. Die 30 ha große Fläche, die sich an die Ostseite des Heiligtums von Ribemont anschließt und sich bis zum Flüßchen Ancre erstreckt, könnte eine solche Rolle übernommen haben, um so mehr, als das Heiligtum möglicherweise Sitz föderaler Stammesversammlungen war, wie später noch dargelegt werden wird.

Aber kehren wir zum Heiligtum selbst zurück, oder, anders gesagt, zur zentralen Einfriedung. Bisher wurde nur ein Drittel ihrer Oberfläche ausgegraben, das heißt die Nordostseite sowie die angrenzenden Nord- und Südostecken. Im Zentrum der Einfriedung wurden noch keine Sondagen durchgeführt. Daher sind von Ribemont bisher nur das Begrenzungssystem sowie die diese Begrenzung flankierenden inneren und äußeren Geländestreifen auf einer Länge von 50 m und auf einer zwischen 10 und 20 m schwankenden Breite bekannt.

Das Umfriedungssystem von Ribemont unterscheidet sich deutlich von dem in Gournay. Hier gab es weder innerhalb noch außerhalb der Umwallung einen offenen Graben. Die Befestigung bestand lediglich aus einer imposanten, sicherlich über 3 m hohen Holzmauer. Daran wird deutlich, daß die offenen Gräben, und besonders derjenige, der als Sammelplatz der Trophäenreste diente, eine Besonderheit des Heiligtums von Gournay waren. Dies wird auch durch Grabungen andernorts bestätigt, so etwa in Saint-Maur und Mirebeau. Andererseits ist die erstaunliche Besonderheit von Ribemont, daß es dort außerhalb dieser Umhegung sakrale Strukturen und Votivdepots gibt. Es scheint sogar, als sei dieser Außen-Innen-Gegensatz einer der Schlüssel zum Verständnis der Deponierung menschlicher Knochen.

Außerhalb und entlang der Umfriedung befinden sich zwei große Strukturen. Auf die erste, die derzeit ausgegraben wird, wurde oben bereits hingewiesen: es handelt sich um das Eingangsportal. Es ist von monumentaler Größe und scheint wie eine Art imposanter Galerie der

63 Ausschnitt des großen „Leichenfeldes" von Ribemont, eine ausgedehnte Deponierung von menschlichen Skeletten ohne Schädel, durchsetzt mit Waffen.

Die keltischen Heiligtümer Nordfrankreichs

ganzen Südostseite vorgelagert gewesen zu sein. Auf dem Boden wurden die einzigen Schädelfragmente des gesamten Fundplatzes angetroffen, die darauf schließen lassen, daß sie dort angebracht waren.

Die zweite Struktur – ebenfalls nur teilweise ausgegraben – ist besser bekannt. Es handelt sich dabei um ein großes, sich auf eine Fläche von mindestens 60 m² erstreckendes Depot menschlicher Knochen und Waffen. Mehr als 10000 menschliche Knochen und etliche hundert Waffen bedeckten den Boden. Es ist bemerkenswert, daß diese Fundobjekte nicht wild verstreut lagen. Vielmehr befanden sich die Knochen noch im anatomischen Verband, ähnlich den Waffen, die noch in funktionalem Zusammenhang (Schwerter in Scheiden mit anhängender Gürtelkette) angetroffen wurden. Es handelte sich jedoch offensichtlich nicht um ein Massengrab, denn es fand sich kein einziger Schädel und zum größten Teil handelte es sich bei den im Verband geborgenen Skeletteilen lediglich um obere oder untere menschliche Körperhälften. Ferner zeigte keines dieser anatomischen Ensemble die übliche Rückenlage: Die meisten wurden in völlig ungewöhnlichen Positionen mit extrem verdrehten und gekrümmten Armen und Beinen angetroffen. Bei dieser Anordnung kann es sich nicht um das Ergebnis menschlichen Tuns, sondern nur um ein Zufallsprodukt handeln. Eine Analyse der etwa 100 freigelegten anatomischen Ensembles deutet darauf hin, daß diese Leichenteile aus mehreren Metern Höhe herabfielen. Daher ist anzunehmen, daß sie sich anfangs auf einem hochgelegenen Podest befanden. Das Herunterfallen dieser Ensembles vollzog sich gleichzeitig, denn sie sind ineinander verwoben. Es ist jedoch unmöglich zu entscheiden, ob das Zusammenbrechen des Podests mit den Waffen und Skelettteilen absichtlich herbeigeführt wurde oder ob es unbeabsichtigt geschah.

Die noch vorhandenen anatomischen Verbindungen, insbesondere die der Hände und Arme, beweisen, daß die Knochen zum Zeitpunkt des Herabfallens noch mit Haut und Sehnen umgeben waren. An den unnatürlichen Biegungen und Verdrehungen der Gliedmaßen ist dagegen zu erkennen, daß die Muskelpartien bereits ver-

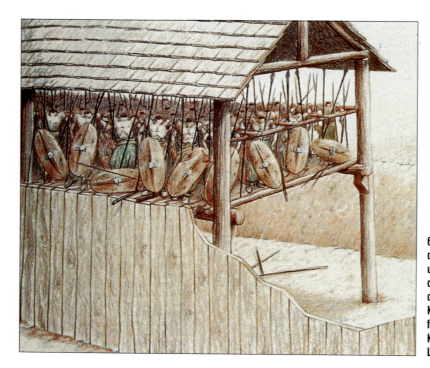

64 Rekonstruktionsversuch des Gebäudes, in dem sich ursprünglich die Überreste des „Leichenfeldes" befanden. Die Wacht der kopflosen Krieger, aufgestellt als mumifizierte Leichen in voller Kampfausrüstung. Nach La Recherche 256, 1993.

gangen waren. Daraus läßt sich folgern, daß die Leichen beim Herunterfallen mumifiziert waren, ein Zustand, der durch einfaches Austrocknen der Leichen hervorgerufen werden konnte. Es genügte, die Körper der Feuchtigkeit des Erdbodens fernzuhalten (was der Fall war), sie vor Regen zu schützen und an einem gut belüfteten Ort aufzubewahren. Eine Art Speicher konnte diesen Anforderungen genügen. Daher muß man sich als Deponierungsort nicht nur ein emporenartiges Podest vorstellen, sondern ein überdachtes Bauwerk mit eingezogenem Zwischenboden. Dieses Gebäude war sicherlich mit einer Seite an die Umfriedung angebaut.

Auf einer Fläche von etwa 30 m² wurden 60 menschliche Individuen identifiziert. Das läßt vermuten, daß sie sich ursprünglich, jeweils mit ihren Waffen dicht nebeneinander aufrechtstehend, auf dem emporenartigen Boden befanden. Wahrscheinlich wurde so versucht, eine Kriegerformation nachzuahmen. Das Fehlen der Schädel kann mit der Praxis erklärt werden, diese schon auf dem Schlachtfeld abzutrennen. Ein Text von Diodor ist in dieser Hinsicht besonders aufschlußreich. Er teilt uns mit (V, 29), daß der siegreiche Krieger den Kopf seines Feindes abtrennte und ihn am Hals seines Pferdes befestigte, während der blutige Rest des Körpers den Dienern überlassen wurde. Genau dieses von Diodor überlieferte Verhalten legt nahe, daß die kopflosen Körper nach der Tötung auf irgendeine Weise benutzt oder behandelt wurden. Die Entdeckung von Ribemont scheint uns eine Lösung zu bieten: Die Leiber wurden möglicherweise auf einen Wagen gehievt und dürften dann in die siegreiche Stadt transportiert worden sein, um dort zwischen den Trophäen aufgestellt zu werden. Die an diesem merkwürdigen Ort gefundenen Knochen und Waffen könnten also die der Besiegten sein, demnach ständen hier nicht nur anthropomorph nachempfundene Trophäen bzw. Statuen wie in Griechenland und Rom, sondern solche aus Haut und Knochen. Ihre Aufstellung am äußersten Rand des Heiligtums könnte damit erklärt werden, daß sie hier düster und unheimlich Wache hielten.

Innerhalb und längs der Umfriedung fanden sich zahlreiche Fundensembles, die mindestens zwei verschiedenen Kategorien zuzuordnen sind: den Ossuarien, von denen wir gleich berichten werden, sowie den Trophäen. Trophäe ist eine allgemeine Bezeichnung, mit der keine vorschnelle Aussage über Bedeutung und Funktion verbunden ist. Die entlang des gesamten Verlaufs der Palisade angetroffenen Fundensembles sind mehr oder weniger reich und enthalten in den meisten Fällen menschliche Knochen. Die eindrucksvollsten Reste sind noch mit ihren Waffen

65 Ansammlung von im anatomischen Verbund liegenden menschlichen Knochen entlang der Umfriedung des Heiligtums; an den Armknochen sind eiserne Armringe zu erkennen.

versehene menschliche Körperpartien (in der Regel obere oder untere Körperhälften oder Gliedmaßen). Ein außergewöhnliches Ensemble bilden die Reste zweier Individuen: Jeder Körper ist in zwei Hälften geteilt; die untere Hälfte liegt auf der oberen, der Schädel fehlt. In einem Fall liegt die untere Hälfte beinahe in klassischer Rückenlage und ist darüber hinaus von einem Schwert begleitet, das sich in der für Grabbefunde üblichen Position befindet. Die Ähnlichkeit mit den anatomischen Ensembles außerhalb der Einfriedung, die weiter oben besprochen wurden, ist frappierend. Auch hier sind die Leichen mittig geteilt worden. Die Oberkörper sind zuerst gefallen, während die unteren Hälften eher gerutscht als aus einiger Höhe gefallen zu sein scheinen. Daher ist anzunehmen, daß sich

Die keltischen Heiligtümer Nordfrankreichs

66 Drei entlang der Umfriedung des Heiligtums angetroffene menschliche Skelette. Grabung J.-L. Cadoux.

auch in diesem Fall die kopflosen Leichen nebst ihren Waffen in vertikaler Position befunden hatten und möglicherweise an der Palisade aufgehängt waren. Sie scheinen sich jedoch nicht in großer Höhe befunden zu haben, denn keines der Ensembles macht den Eindruck, als sei es mit großer Wucht auf den Boden aufgeschlagen. Vielmehr glitten sie vermutlich aus nur geringer Höhe zu Boden. Die anderen Reste sind weniger spektakulär: Immer entlang der Umfriedung fanden sich vereinzelt ein Bein, ein Arm oder auch ein Thorax, häufig zusammen mit Waffen.

In beiden innerhalb der Umfriedung gelegenen Ecken wurde ein sehr merkwürdiger, aus menschlichen Knochen errichteter Aufbau gefunden. Der Einfachheit halber werden diese Aufbauten als Ossuarien, als »Beinhäuser« bezeichnet, was aber auch in diesem Fall nichts über ihre tatsächliche Funktion aussagt. Das im nördlichen Winkel gelegene Ossuarium war gut erhalten, und wir werden uns auf seine Betrachtung stützen, um diese Befunde zu beschreiben. Es wurde teilweise eingestürzt aufgefunden, seine Basis jedoch war noch in situ erhalten. 2000 menschliche Langknochen (Oberschenkelknochen, Schienbeine, Wadenbeine, Oberarmknochen, Speichen, Ellen) und die Langknochen von einem Dutzend Pferden bildeten ein Quadrat von 2 m Seitenlänge. Die Knochen waren im Wechsel geschichtet, d. h., auf eine Reihe von in Längsrichtung gelegten Knochen wurde eine Lage quergelegter Knochen gesetzt usw. Vier Knochenlagen konnten noch in situ beobachtet werden, aber die in einem größeren Umkreis verstürzten Knochen lassen vermuten, daß die Konstruktion ursprünglich höher war, möglicherweise 70–100 cm erreichte. Im Innern befanden sich keine Langknochen. Vielmehr war hier der Boden mit Hüftknochen bedeckt, die um ein zylindrisches Loch von 35 cm Durchmesser und 90 cm Tiefe angeordnet waren. Das

67 Das „Ossuarium" nach der Freilegung. Grabung J.-L. Cadoux.

Das Heiligtum von Ribemont-sur-Ancre

Innere war mit verbrannten menschlichen Knochen gefüllt. Die Untersuchung dieser Knochen ergab, daß es sich hauptsächlich um mehr oder weniger gut verbrannte Langknochen handelt, die zuvor zerschlagen worden waren. Da sowohl das zylindrische Loch bis auf den Grund mit diesen verbrannten Knochen gefüllt war als auch das Innere des Ossuariums eine große Menge dieses Materials enthielt, ist zu vermuten, daß die Konstruktion dazu bestimmt war, die verbrannten Knochen aufzunehmen und im Boden verschwinden zu lassen. Anders ausgedrückt: Es handelt sich wahrscheinlich um eine den Unterweltgottheiten gewidmete chthonische Opferstelle, die gleichzeitig der Bestattung und dem Kult diente. Während die nicht verbrannten Knochen mehreren 100 Individuen zugeordnet werden können, ist die Anzahl der im Leichen-

68 Die mit Knochensplittern und Leichenbrand gefüllte Grube im „Ossuarium". Grabung J.-L. Cadoux.

69 Das „Ossuarium". Erkennbar ist die Konstruktion aus Langknochen sowie menschlicher Asche und Leichenbrand im Innern. Grabung J.-L. Cadoux.

70 In der Nähe des zweiten „Ossuariums" angetroffene Splitter menschlicher Langknochen.

brand repräsentierten Menschen nicht zu bestimmen. Nicht weit vom südöstlichen Ossuarium fand sich eine Streuung von Fragmenten menschlicher Langknochen. Diese Splitter sind zwischen 3 und 5 cm lang und stammen vornehmlich von Schienbein- und Oberschenkelknochen. Die an ihnen festzustellenden Schlagspuren und die Form ihrer Bruchstellen bringen sie mit den Knochen der Grotten von Fontbrégoua, Agris oder auch Gardon in Verbindung. Letztere stammen aus neolithischer Zeit und wurden in noch frischem Zustand zerbrochen, um an das Knochenmark zu gelangen. Der Zweck dieser Handlungen in Ribemont ist schwer zu interpretieren. Ging es nur darum, die Knochen vor dem Verbrennen zu reinigen?

Das südöstliche Ossuarium und ein etwa 6 m weiter südlich entdecktes drittes scheinen mit einem kleinen, quadratischen Bauwerk von etwa 5–6 m Seitenlänge in Verbindung zu stehen. Beide Ossuarien liegen in der Verlängerung der Ost- und der Westseite dieses Gebäudes. Da das Gebäude weder im Zentrum der Einfriedung noch auf der Symmetrieachse liegt, handelt es sich mit Sicherheit nicht um den Haupttempel. Es könnte ein kleiner Annextempel sein.

Bisher konnten bereits mehrere tausend latènezeitliche Metallobjekte geborgen werden, darunter beinahe 500 Lanzenspitzen. Da – wie bereits erwähnt – bislang erst ein Drittel der Einfriedung ausgegraben wurde, sind dies keine endgültigen Zahlen. Dennoch lassen sie, und auch die über 15 000 menschlichen Knochen, die wenigstens 300 Individuen zugeordnet werden können, vermuten, daß das Heiligtum in der Mittellatènezeit einen sehr großen »Einzugsbereich« hatte. Möglicherweise diente es mehreren *civitates* als zentraler Kultplatz und war eine Art Bundeskultplatz. Anders läßt sich die riesige Kriegsbeute kaum deuten.

Eingangs wurde bereits erwähnt, daß das Heiligtum auch in gallo-römischer Zeit nicht weniger interessant ist. Es war von monumentalen Ausmaßen, und ringsum entwickelte sich auf einer über 70 ha großen Fläche eine Siedlung. Aber was uns hier im Rahmen der Untersuchung keltischer Heiligtümer vor allem interessiert, das ist der Übergang des gallischen zum großen gallo-römischen Heiligtum. An etwa 50 Beispielen konnten wir in der Picardie beobachten, daß die gallischen Heiligtümer systematisch durch gallo-römische ersetzt wurden. In Ribemont läßt sich sehr genau beobachten, wie dies vor sich ging: Nach der Eroberung, von augusteischer Zeit an bis gegen Ende des 1. Jahrhunderts n. Chr., wurde der Grundriß der latènezeitlichen Strukturen ganz genau übernommen. Weder in der Nutzung noch in den Opferriten lassen sich irgendwelche Brüche feststellen, d. h., daß die in diesem Heiligtum praktizierte gallische Religion durch die römische Eroberung keinerlei Veränderung erfuhr. Die wichtigsten Veränderungen hatten sich bereits vorher vollzogen, als Anfang des 1. Jahrhunderts v. Chr. die Trophäenpraxis und alle damit verbundenen Manipulationen menschlicher Körper aufgegeben wurde. Eine Veränderung der kultischen Strukturen war somit nicht von der römischen Verwaltung beabsichtigt. Die einzige wichtige Veränderung betraf den Stand der Priester. Die Druiden wurden bekanntlich vertrieben. Das Schwinden des Einflusses dieser bei den Kelten so wichtigen Männer beschleunigte den Romanisierungsprozeß, den die Kelten jedoch schon seit Ende des 2. Jahrhundert v. Chr. selbst initiiert hatten. Der Druidismus machte dem Evergetismus der Adelsfamilien Platz, die die großen Heiligtümer – wie das von Ribemont – ausschmückten.

Das kelto-ligurische »Heiligtum« von Roquepertuse

VON BRIGITTE LESCURE

Der archäologische Fundplatz von Roquepertuse bei Velaux (Dép. Bouches-du-Rhône) wurde in den sechziger Jahren des 19. Jahrhunderts zufällig durch die Auffindung von zwei fragmentarisch erhaltenen, lebensgroßen Kriegerstatuen entdeckt. Bereits um das Jahr 1873 erwarb das Archäologische Museum von Marseille diese Statuen, aber erst 1919 führte der Konservator Henri de Gérin-Ricard Ausgrabungen am Fundort durch, in der Hoffnung, dort weitere Skulpturen für die Sammlung des Museums zu finden.

Aufeinanderfolgend fanden daraufhin zwei Grabungskampagnen von 1919 bis 1924 sowie im Jahre 1927 statt. Während der ersten Kampagne – 180 Grabungstage – kam eine Anzahl von aufsehenerregenden, behauenen und bemalten Steinfragmenten zutage, die einzigartig für den Süden Galliens sind und bis heute das einzige uns bekannte Beispiel bemalter vorrömischer Architektur darstellen. Die zweite Kampagne im Jahre 1927 war auf eine Dauer von 40 Tagen begrenzt und erbrachte den Nachweis einiger architektonischer Strukturen.

71 Das Oppidum von Roquepertuse aus der Vogelperspektive, gesehen von Norden. Auf der Südwestterrasse lag im Bereich eines Platzes das Heiligtum.

Das kelto-ligurische »Heiligtum« von Roquepertuse

Berühmte Entdeckungen

Bei den umfangreichen, zwischen 1919 und 1927 zutage geförderten Steindenkmälern handelt es sich (abgesehen von den beiden bereits zuvor entdeckten Kriegerstatuen) um drei monolithische Pfeiler mit totenkopfförmigen Nischen, in denen sich – heute leider verschollene – menschliche Schädel befanden. Ferner fanden sich ein Architrav mit eingehauenem Schädelmotiv, ein weiterer Querbalken mit Pferdefries, eine Vogelstatue und der berühmte zweiköpfige »Hermes«. Diese Steinmonumente wurden in insgesamt rund 200 Fragmenten geborgen.

Nach einer Reihe von mehr oder weniger überzeugenden Wiederherstellungen zeigte man das bedeutende Fundensemble lange Zeit in einer Rekonstruktion aus dem Jahre 1926: Die im Abstand von 70 cm zueinander aufgestellten Pfeiler trugen die beiden verzierten Architrave und bildeten so eine Portikus, die von der Vogelstatue bekrönt wurde. Das Fehlen einer fundierten Bearbeitung dieses Ensembles von Steindenkmälerfragmenten führte dazu, daß dieser Portikusstruktur sehr beliebig und ohne Bezug zum archäologischen Befund die Männerstatuen und der Doppelkopf zugeordnet wurden.

An der eigentlichen Fundstelle konnte eine archäologische Struktur in Form einer oberen schmalen Plattform freigelegt werden (1,50 m breit und 22 m lang), die über eine aus großen behauenen Steinquadern errichtete Treppe zu erreichen war. Diese terrassenförmige Plattform stößt im Norden in ganzer Länge an die Wand eines halbkreisförmigen Felsmassivs. Nach Süden hin überragt sie drei weitere parallele Terrassen, die von stark gestörten Mauern umfaßt werden.

Überprüfung der älteren Interpretationen

Die im Museum ausgestellte Rekonstruktion von 1926 sowie die Grabungsergebnisse haben von Anfang an vermuten lassen, daß eine Art Überdachung die Statuen schützte. Der Fundort der Statuen – etwas unterhalb der Plattform – legte die Vermutung nahe, daß diese Überda-

72 Rekonstruktion der „Portikus" von Roquepertuse von 1926 im Archäologischen Museum von Marseille (Château Borély, Salon d'hiver).

73 Der sog. doppelköpfige Hermes von Roquepertuse aus Kalkstein; Höhe 20 cm, 3. Jahrhundert v. Chr. Für eine Identifikation des doppelköpfigen Gottes mit den griechisch-römischen Gottheiten Hermes oder Janus gibt es keinerlei Beweise. Ein Zapfen und eine Nute weisen auf die Zugehörigkeit zu einer monumentalen Statue hin, die in einem Bauwerk aus Stein oder Holz integriert war.

Berühmte Entdeckungen – Überprüfung der älteren Interpretationen

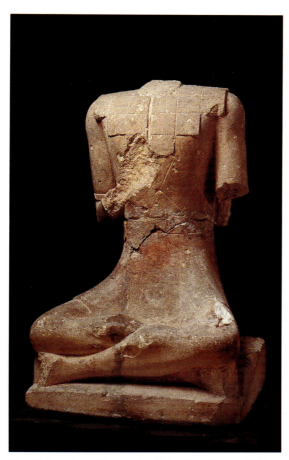

74 Statue eines Mannes im Schneidersitz aus Kalkstein, Höhe 1 m, 3. Jahrhundert v. Chr., gefunden am Fuß der oberen Terrassenmauer, wo sich auch die Fragmente einer zweiten, fast identischen Statue fanden. Statuen vom gleichen Typ wurden mehrmals in der Provence in vorrömischem Kontext entdeckt.

chung entweder auf der höhergelegenen Terrasse, von der die Steinfiguren heruntergestoßen worden sein könnten, oder am Fuß der Stützmauer der Plattform ihren Standort hatte.

Von dieser Annahme ausgehend, wurden in diesem Bereich – unter Vernachlässigung anderer Areale – diverse weitere archäologische Untersuchungen durchgeführt, die jedoch keine neuen Resultate erbrachten. Gleichzeitig postulierten jene Archäologen, Historiker und Heimatforscher, die sich auf ein isoliertes Studium der Statuen beschränkten, griechische, keltische oder buddhistische Einflüsse. Die Mehrheit stimmte darin überein, daß die Monumente – wie die von Entremont – vor irgendeinem unbestimmten, aber dennoch unleugbaren kultischen Hintergrund zu interpretieren seien. Die Interpretation: Pfeiler + Götterstatuen = Heiligtum war einfach und naheliegend. Seitdem verfestigte sich die Vorstellung, Roquepertuse sei ein Stammesheiligtum der Saluvier gewesen, das bis zur Unterwerfung durch Rom im Jahr 125 v. Chr. bestanden hätte. Diese Datierung wurde von der älteren Forschung einhellig vertreten.

Die einseitige Deutung als ländliches Heiligtum behinderte eine weitergehende wissenschaftliche Beschäftigung mit dem Fundort Roquepertuse. Das Interesse richtete sich bis 1988 daher allein auf die von ihrem archäologischen Kontext isoliert betrachteten Skulpturen, Kunstobjekte und Kuriositäten.

Neue Forschungen: das »Programm Roquepertuse«

Zu diesem Zeitpunkt, d. h. im Jahre 1988, wurde damit begonnen, das Archäologische Museum innerhalb Marseilles aus dem Schloß Borély ins »Centre de la Vieille Charité« zu verlegen. Dieser Umzug stellte eine einzigartige Gelegenheit dar, die Zuverlässigkeit der seit den dreißiger Jahren vorgeschlagenen Rekonstruktionen zu überprüfen und eine grundlegende Untersuchung dieser Sammlung sowie ihres archäologischen Kontextes einzuleiten.

Eingerichtet wurde das Programm Roquepertuse 1987 auf Initiative von Brigitte Lescure, Konservatorin am Archäologischen Museum in der Charité. Die Stadt Marseille fördert es im Rahmen ihrer Kulturpolitik für die Gemeinden der Region.

Dieses Programm basiert auf einer Übereinkunft zwischen den Gemeinden von Marseille und Velaux. Außer der wissenschaftlichen Erforschung ist vor allem die Restaurierung und erneute Rekonstruktion der im Archäologischen Museum von Marseille aufbewahrten Steindenkmäler unter Berücksichtigung aller zur Verfügung ste-

Das kelto-ligurische »Heiligtum« von Roquepertuse

75 Statue eines Vogels aus Kalkstein, Höhe 60 cm, 3. Jahrhundert v. Chr., gefunden in der Nähe der Männerstatuen. Der markante Schnabel sichert die Darstellung eines Greifvogels. In der keltischen Welt gehören Vogel und Pferd zusammen mit dem Ritus der „têtes coupées" zu einem Schöpfungsmythos in Zusammenhang mit der Kriegeraristokratie.

hender Forschungsergebnisse vorgesehen. Ferner ist in Verbindung mit den »Monuments Historiques« die Erschließung der eigentlichen Fundstelle und die Gründung eines archäologischen Museums in Velaux geplant. Gleichfalls in Velaux, und zwar im unteren Arctal, wird ein archäologisches Depot eingerichtet, das sowohl Forschern als auch Studenten offensteht.

Noch im Jahre 1987 wurden während der einleitenden Untersuchungen zum Forschungsprogramm Roquepertuse in den Magazinen des Museums ca. 30 verschollene Steinfragmente wiedergefunden. Sie belegten die Existenz von wenigstens zwei weiteren, den ausgestellten Stücken entsprechenden Statuen. Daneben fanden sich verschiedene Bruchstücke von Architraven und Pfeilern, die mit dem architektonischen Ensemble in Verbindung zu bringen sind. Seitdem erschien es für eine optimale Restaurierung notwendig, sowohl die im Museumsmagazin aufgetauchten Stücke als auch solche Fragmente zu berücksichtigen, die unter dem Schutt

der Altgrabungen an der Fundstelle selbst zurückgeblieben waren und im März 1988 entdeckt werden konnten.

Diese vorbereitenden Studien warfen auch verschiedene technische und historische Fragen bezüglich des ursprünglichen architektonischen Befundes und seiner rituellen Funktion auf. Des weiteren ergaben sich Fragen nach der ikonographischen Interpretation, der inneren Chronologie oder auch nach der Bedeutung des Fundplatzes Roquepertuse in seinem engeren archäologischen Kontext und darüber hinausgehend für die provenzalische Frühgeschichte.

Diese wichtigen und sehr spezifischen Fragestellungen führten im Jahre 1988 zur Gründung einer interdisziplinären Wissenschaftskommission, die sich aus erfahrenen Spezialisten auf den Gebieten der Konservierung, der Rekonstruktion, der Restaurierung und der wissenschaftlichen Interpretation archäologischer Fundkomplexe zusammensetzt. Die Kommission befaßt sich vor allem mit der Identifizierung und dem Zusammenfügen der geborgenen Fragmente, mit der Untersuchung der Bautechnik und der zum Behauen der Steine verwendeten Werkzeuge sowie mit der Analyse und Interpretation der Bemalung. Daneben werden Ausgrabungen an der Fundstelle durchgeführt und Studien zu ihrer Einordnung in den archäologischen Kontext vorgenommen.

Erste Schlußfolgerungen: ein neues Ergebnis

In einem ersten Schritt wurden die im Museum aufbewahrten Steinmonumente auf ihre technischen Details hin untersucht. Eine Analyse der Pfeiler, der Querbalken und der damit in Verbindung zu bringenden Fragmente machte eine grundlegende Veränderung der Rekonstruktion aus den dreißiger Jahren notwendig.

Durch das Anfügen von hinzugekommenen Fragmenten und die Untersuchung des Konstruktionssystems war es möglich, die Architrave neu zu ergänzen. Dabei zeigte sich, daß die Abstände der drei Pfeiler, die bis dahin jeweils

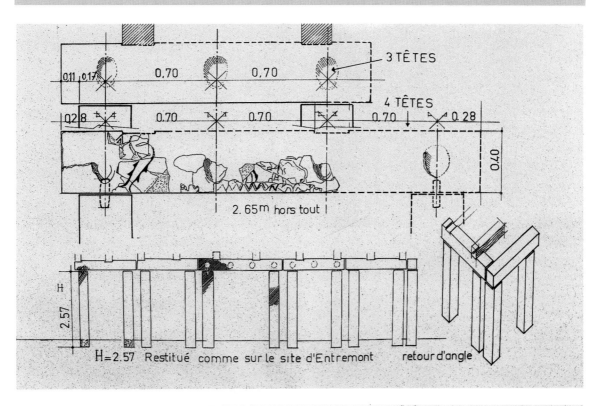
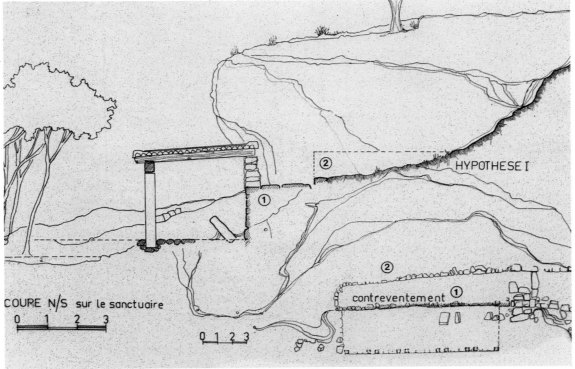

76 Rekonstruktionsversuch der „Portikus" nach neu gewonnenen Erkenntnissen.

Das kelto-ligurische »Heiligtum« von Roquepertuse

77 Der Architrav der Portikus während der Zusammensetzung. Deutlich erkennbar die Bemalung.

78 Details der Architravbemalung. Pferdekopf und Fisch gehören zu einem pferdegestaltigen Fabelwesen mit Fischschwanz. Vergleichbare Mischwesen sind aus Etrurien überliefert.

70 cm betragen hatten, in Wirklichkeit 2,10 m erreichten, was zugleich die Größe der Gesamtanlage nicht unwesentlich steigerte. Sowohl die Gesamtstärke der Querbalken als auch die Bedachungsform konnten ermittelt werden. Wie ein Balkenloch zeigt, handelte es sich um eine einseitige Überdachung mit leichter Neigung (1 m Gefälle auf 6 m).

Des weiteren haben die neuen Rekonstruktionen bewiesen, daß die menschlichen Schädel nicht – wie bis dato behauptet – außen am Bauwerk zur Schau gestellt wurden, um Feinde abzuschrekken. Vielmehr schmückten sie das Innere des Gebäudes: eine neue Erkenntnis, die zugleich die Frage nach der Bedeutung der Schädel aufs Neue stellt. Gab es möglicherweise einen den besiegten Feinden gewidmeten Kult oder Ritus, oder handelt es sich vielmehr um Köpfe von Vorfahren oder führenden Kriegern, die aus kultischen Gründen in die Architektur eingefügt wurden?

Die Ergänzung mittels der neu hinzugekommenen Fragmente ließ die Bildmotive der Bemalung erkennbar werden: es handelt sich um eine Schlange und um ein Pferd mit Fischschwanz. Dieses ikonographische Motiv ist in der keltischen und griechischen Welt nicht bekannt, für die Etrusker jedoch belegt. Es lenkt unseren

Blick auf eine genauer lokalisierbare Region, nämlich auf das Siedlungsgebiet der Ligurer. Die Ligurer hatten sich in der direkten etruskischen Einflußsphäre zwischen Marseille und Norditalien niedergelassen.

Folglich kann behauptet werden, daß die keltischen Einflüsse, die sich in den regionalen Bildhauerarbeiten widerspiegeln (Schneidersitz, Torques, Oberarmringe, abgetrennte Köpfe) nicht von hypothetischen keltischen Einwanderungen aus dem Nordosten herrühren. Vielmehr sind diese Einflüsse vermutlich direkt mit jenen Kelten zu verbinden, die sich im 4. Jahrhundert v. Chr. in der Poebene niedergelassen hatten – was auch die etruskisch-keltische Akkulturation sowie das fast gänzliche Fehlen rein keltischer Funde, etwa Keramik, in der Provence weit besser erklären könnte.

Auch die Analyse der Farbschichten belegt Verbindungen mit Norditalien. Verschiedene physikalisch-chemische Untersuchungen der fünf verwendeten Farbpigmente zeigen, daß für das Grün eine Erdfarbe aus Verona benutzt wurde, Celadon, das schon seit der Antike nach Gallien importiert wurde.

Dank einer Fluoreszenzuntersuchung konnte die Bemalung in ihrer Gesamtheit entschlüsselt werden. Mittels dieser Bestrahlungsmethode wurden auch solche Spuren sichtbar, die ohne den Einsatz technischer Hilfsmittel nicht zu erkennen sind. Diese Oberflächenbestandsaufnahme brachte auf einem Pfeiler zwei gemalte Pferde zum Vorschein, auf den Statuen wurden zwei gravierte Pferde sichtbar. Ferner fand sich eine erstaunliche Anzahl verschiedener geometrischer Motive.

Die Untersuchung der Basis einer Statue mit farbig gefaßter Unterseite hatte als Ergebnis, daß die Statuen ursprünglich auf schmalen Pfeilern und somit in einer gewissen Höhe zur Schau gestellt waren, eine Rekonstruktion, wie sie auch für die Sitzstatuen von Glanum vorgeschlagen wurde. Die ursprüngliche Plazierung dieser »Sitzenden« bleibt jedoch unbestimmt. Es kann nicht bewiesen werden, daß das Bauwerk mit Schutzdach, von dem der Pfeiler und die Architrave stammen, tatsächlich diese Statuen schützte.

79 Die Sondage in den georteten Siedlungsstrukturen erbrachte den Nachweis eines Handwerker- und Wohnviertels.

Von der Sammlung zum Fundplatz: die Wiederaufnahme der Grabungen

Eine notwendige Ergänzung zur Untersuchung des bereits im Museum befindlichen Fundmaterials waren daher archäologische Ausgrabungen am Fundort selber. Im Jahre 1991 wählte Brigitte Lescure ein Grabungsareal in Roquepertuse aus, das sie für potentiell bedeutsam hielt. Einerseits sollten für die endgültige Restauration und Rekonstruktion von Portikus und Statuen so viele zugehörige Fragmente wie möglich geborgen werden, andererseits wurde eine Untersuchung der Anordnung dieser architektonischen Strukturen und ihres chronologischen Verhältnisses zum archäologischen Kontext, eine Erforschung des Charakters des Fundplatzes sowie seiner exakten Grenzen angestrebt: Handelte es sich wirklich um ein isoliertes Heiligtum?

Das kelto-ligurische »Heiligtum« von Roquepertuse

Die in den Jahren 1991 bis 1993 erteilten Grabungsgenehmigungen erlaubten es, die Ausdehnung des Fundplatzes abzuschätzen. Es wurde deutlich, daß es sich um eine archäologische Anlage handelte, die über die vermutete Stelle des Heiligtums, d. h. über die obere Terrasse hinausreichte. Zunächst ließ sich nachweisen, daß auf dem höher liegenden Felsmassiv ein kleines Oppidum bestand. Dies zeigen die Grundrisse von etwa 20 Grubenhäusern sowie eine Fundschicht und die Fundamente eines Randwalls, der sich an der äußeren Kante des felsigen Abhanges entlangzieht.

Wie schon die alten Grabungsberichte und die am Beginn des Programmes Roquepertuse durchgeführten Prospektionen vermuten ließen, lag das Oppidum oberhalb einer ausgedehnteren vorgeschichtlichen Siedlung, die sich auf den genannten südlichen Terrassen erstreckte.

Ausgehend von diesen Entdeckungen kann Roquepertuse nicht mehr – wie bisher angenommen – als einfaches, isoliertes Heiligtum angesehen werden. Vielmehr muß es sich um einen noch näher zu definierenden öffentlichen Platz bzw. Baukomplex handeln, der in eine ländliche befestigte Siedlung in Hanglage integriert war. Eine im Jahre 1994 – dank der Förderung der »Crédit Immobilier des Bouches-du-Rhône« – zügig durchgeführte Untersuchung dieser Terrassen bestätigte die Hypothese, daß sich am südlichen Fuß des Oppidums eine vorgelagerte Siedlung erstreckte.

Mit dieser Untersuchung wurde vom ursprünglichen Programm abgewichen; sie diente einzig dem Zweck, die große Ausdehnung des Fundkomplexes zu beweisen, da in verschiedenen Publikationen weiterhin postuliert wurde, es handele sich um eine kleinere Anlage.

80 Gesamtansicht der Terrasse 1 während der Ausgrabung.

Diese in Zusammenarbeit mit Archäologen durchgeführten Untersuchungen beschränkten sich auf eine erneute Öffnung der im Jahre 1917 auf den Terrassen 3 und 4 angelegten Grabungsschnitte. Auf diese Weise sollte, ohne die archäologische Substanz anzuschneiden, geklärt werden, in welchem Maß noch Restfunde vorhanden waren.

Die im Vorjahr georteten Siedlungsstrukturen traten dabei deutlich zutage: Die Sondage 1 erbrachte den Nachweis eines Handwerker- oder Wohnviertels mit dichter und wiederholter Besiedlung (drei Siedlungsschichten und eine große Konzentration von Fragmenten grober Dolien). Auch die Sondagen 2 und 3 zeigten die gleichen Schichtenfolgen, d. h. eine Folge von Belegungshorizonten unter einer dicken Schicht von ungebrannten Lehmziegeln. Die gesamte Terrassenfläche ist damit als dicht besiedeltes Areal einer entwickelten Siedlung ausgewiesen. Das Terrain scheint nach einer Zerstörungsphase stark aufgefüllt und anschließend erneut besiedelt worden zu sein (siehe Mauern). Diesen Sachverhalt bestätigen die drei Sondagen, obwohl es keine stratigraphische Verbindungsmöglichkeit gibt, die es erlauben würde, die verschiedenen Schichten miteinander in Zusammenhang zu bringen.

Die Besiedlungsdichte belegen auch die Befunde von zwei in der südlichsten Zone (Zone 10) freigelegten Brunnen. Da die Grabungskampagne an limitierte Rahmenbedingungen gebunden war, konnten jedoch nicht alle archäologischen Aussagemöglichkeiten des Fundplatzes Roquepertuse erschöpfend untersucht werden.

Neue Interpretationen

Neben der neuen Interpretation der alt entdeckten Steindenkmäler der Sammlung und des Fundplatzes wird gegenwärtig auch an einer Überprüfung der Chronologie des Gesamtkomplexes von Roquepertuse gearbeitet.
Aufgrund der Arbeiten von H. de Gérin-Ricard und Michel Clerc, beide Konservatoren am Archäologischen Museum von Marseille, wurde

die Zerstörung von Roquepertuse seit 1927 mit den Feldzügen des Fluvius Flacus und Sextius Calvinius in den Jahren 125 bzw. 124 v. Chr. in Verbindung gebracht, d. h. etwa zeitgleich wie die Zerstörung von Entremont (Aix-en-Provence) und Baoux-Roux (zwischen Aix-en-Provence und Marseille gelegen).

Durch die Arbeiten L. F. Gantès' von 1977, die sich hauptsächlich an der Keramik orientierten, konnte jedoch als Terminus ante quem das frühe 2. Jahrhundert v. Chr. wahrscheinlich gemacht werden, eine Datierung, die auch durch die seitdem erfolgten Grabungen bestätigt wird. Die Grabungen erlauben die Unterscheidung folgender chronologischer Großphasen:

– eine erste durch spätneolithische oder kupferzeitliche Töpferware und Flintindustrie charakterisierte Belegungsphase beweist die Existenz einer gelegentlich aufgesuchten Station unter freiem Himmel, die wahrscheinlich mit den für die Basse Provence nachgewiesenen Siedlungen des 2. Jahrtausends v. Chr. in Zusammenhang steht.

– eine zweite Phase läßt sich in die Frühlatènezeit datieren (Ende 5. bis erste Hälfte des 4. Jh. v. Chr.). In diese Jahrzehnte fällt die Errichtung einer festen Siedlung durch eine autochthone Kultur. Massaliotische und attische Keramik deuten auf noch schwachen kulturellen Austausch hin.

– in einer dritten Phase (Ende des 4. bis Ende des 3. Jh. v. Chr.) erfährt die Siedlung ein außerordentliches Wachstum und eine starke Intensivierung der kulturellen Kontakte. Dies belegen die drei verwendeten Keramikarten: handgemachte, helltonige Keramik (ein massaliotisches, als Tafelgeschirr dienendes Produkt), italische Schwarzfirniskeramik des 3. Jahrhunderts und Campana A.

Laufende Projekte und Arbeiten

Gegenwärtig setzt das Archäologische Museum von Marseille die Arbeiten an der Ausgrabungsstätte fort. Durch die finanzielle Förderung der »Crédit Immobilier des Bouches-du-Rhône«

Das kelto-ligurische »Heiligtum« von Roquepertuse

kann sich das interdisziplinäre Forschungsteam (»Association pour les Fouilles Archéologiques Nationales«, »Atelier du Patrimoine de Marseille«, »Musée de Marseille«, »Centre National de la Recherche Scientifique«) auf die Untersuchung der Terrasse 1 konzentrieren, die der Öffentlichkeit in naher Zukunft zugänglich gemacht werden soll.

Da auch die anderen Areale der Fundstätte gemäß dem Roquepertuse-Programm für den Publikumsverkehr hergerichtet werden (geplant sind: Anlegung von Rasenflächen, Teilrekonstruktionen, Aufstellung von Informationstafeln und Wegmarkierungen), sollen sie zu ihrem Schutz eher ausgegraben werden als ursprünglich geplant. Angesichts der Tragweite und Bedeutung der neuen Entdeckungen hat der »Conseil Supérieur de la Recherche Archéologique« die fortlaufende Finanzierung der Ausgrabungen beschlossen. Das Grabungsteam des C.N.R.S. wird die Untersuchungen somit von Juli 1995 an im Rahmen der »Fouilles Nationales Programmées« fortsetzen können.

Provisorische Schlußfolgerung

Die seit 1987 unter Leitung des Archäologischen Museums von Marseille durchgeführten Untersuchungen der Bodendenkmäler und Fundkollektionen von Roquepertuse lassen den Fundkomplex in völlig neuem Licht erscheinen: Obwohl noch viel zu tun bleibt und eine abschließende Bewertung verfrüht wäre, läßt sich dennoch bereits jetzt sagen, daß Roqueper-

tuse kein isoliertes Heiligtum, sondern eine Siedlung mit zentralörtlicher Funktion war. Selbst die Bezeichnung als Heiligtum ist zu überdenken: Es handelt sich höchstens um einen in eine städtische Struktur integrierten öffentlichen Platz.

Die Frage der abgetrennten Schädel und ihrer rituellen oder kultischen Bedeutung, der symbolische Gehalt der Steinmonumente, der eher geringe Anteil von Elementen keltischen Einflusses – letzterer wurde in der Vergangenheit häufig überbetont – sowie die große Konzentration typisch einheimischen (ligurischen) Materials vermitteln das Bild einer regionalen Verwurzelung. Die letzte Zerstörung des Ortes, durch die aktuellen Grabungen für die Zeit um 200 v. Chr. belegt, lenkt die Aufmerksamkeit auf eine andere Problematik: Wer zerstörte Roquepertuse schon vor der römischen Eroberung?

Angesichts der Tragweite der neuen Forschungsergebnisse darf das vom Archäologischen Museum Marseille initiierte Programm Roquepertuse als wissenschaftlicher Erfolg gewertet werden. Diese Fortschritte verdankt es Wissenschaftlern und Institutionen, die sich unter Einbringung ihrer spezifischen Fachgebiete zu einem interdisziplinären Team zusammengefunden haben. Dieses museographische Vorhaben ermöglicht durch den Brückenschlag zwischen privaten Institutionen, der Forschung und den Gemeinden von Marseille und Velaux eine sich ergänzende und forschungsfördernde Kulturpolitik: Gemeinsames Ziel ist es, die Öffentlichkeit an ihr kulturelles Erbe heranzuführen.

Die spätkeltischen Viereckschanzen in Süddeutschland – Kultanlagen oder Rechteckhöfe?

VON GÜNTHER WIELAND

Kaum ein Bodendenkmal hat so vielfältige Interpretationsversuche erfahren wie die Gruppe der spätkeltischen Viereckschanzen. Die von Frankreich bis Böhmen verbreiteten rechteckigen Wallanlagen sind in Süddeutschland auffallend zahlreich. Viele sind heute völlig verebnet und nur noch im Luftbild zu erkennen. Während 160 Jahren ernsthafter Forschung wollte man römische Lager, keltische Fliehburgen, Gehöfte und Viehgehege in ihnen erkennen. Erst seit ungefähr 40 Jahren traten alle anderen Möglichkeiten gegenüber der Erklärung als keltische Kultplätze zurück. Jetzt gerät dieses scheinbar festgeschriebene Bild erneut ins Wanken. Neue Grabungen in Viereckschanzen und ihrem Umfeld haben eine Reihe von Aspekten in die Diskussion ge-

81 Verbreitung der spätkeltischen Viereckschanzen (nach K. Bittel/S. Schiek/D. Müller 1991).

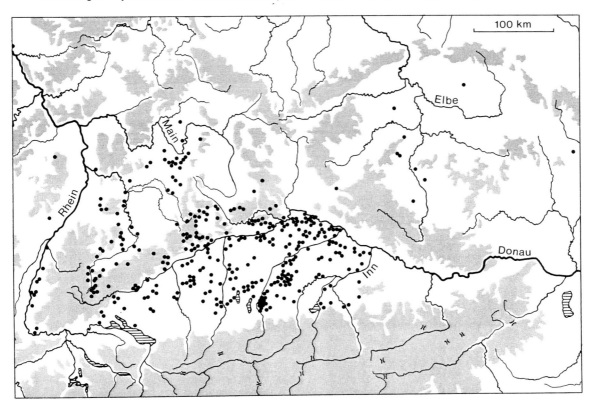

bracht, die doch erheblich von der bisher geläufigen Vorstellung abweichen. Ausgehend von der neuen Befundsituation wird die Entstehung und Funktion der Viereckschanzen wieder kontrovers diskutiert. Ein kurzer Gang durch die Forschungsgeschichte soll die Gründe beleuchten, die für die jeweiligen Deutungen ausschlaggebend waren.

Vielfältige Deutungsversuche eines Bodendenkmals

Wegen der rechteckigen Form der Wall-Graben-Anlagen zählte sie Johann Nepomuk von Raiser 1830 ganz selbstverständlich zu den »römischen Castra«. Daher verwunderte ihn auch der Fund einer römischen Münze aus der Schanze »Poenburg« bei Türkheim (Lkr. Unterallgäu) nicht weiter. Die erste Erwähnung von Grabungen in einer Viereckschanze stammt ebenfalls aus den Beschreibungen von Raisers.
In den ersten Oberamtsbeschreibungen Württembergs war die Datierung in römische Zeit obligatorisch, erste Zweifel hatten dann Eduard Paulus (1877), Ernst Kapff (1894) und Konrad Miller (1897). Auch Wilhelm Conrady mußte nach den ersten Sondagen 1896 die Schanze beim badischen Gerichtstetten aus der Liste der römischen Lager streichen. Er erwog bereits verschiedene Deutungsmöglichkeiten der »rätselhaften germanischen Anlage«. Karl Schumacher war es schließlich, der 1899 erstmals eine Viereckschanze in den richtigen zeitlichen und kulturellen Zusammenhang gestellt hat. In der schon erwähnten Anlage von Gerichtstetten wollte er am ehesten ein spätkeltisches Gehöft sehen, doch auch die Deutung als »Herrenhof« und Fliehburg wollte er nicht gänzlich ausschließen. Aufgrund stratigraphischer Überlagerung von Befunden deutete er die Umwallung als späteren Ausbau – ein Befund der bei späteren Grabungen in Viereckschanzen immer wieder konstatiert wurde. Ein weiteres Charakteristikum der Viereckschanzen, nämlich die meist rechteckigen oder quadratischen Bauten in den Ecken, hat Georg Hock 1907 erstmals beschrieben, wobei er

die großen Pfostengruben als Spuren eines Wehrturmes interpretierte.
Immer wieder wollte man vorgeschichtliche Befestigungen bzw. Fliehburgen oder Militäranlagen in den Viereckschanzen erkennen. Es wurde mit der Größe und der taktisch-militärischen Lage argumentiert, obwohl gerade die letztere oftmals mehr als ungünstig erscheint. Gerhard Bersu, Werner Hardes, Karl Heinz Wagner und Oscar Paret vertraten diese Deutung und versuchten, sie an Beispielen aus Niederbayern und Württemberg zu belegen. Einen deutlichen Bezug der Viereckschanzen zu ihrem Umland stellte Ulrich Kahrstedt 1933 her. Er vermutete in ihnen befestigte Gutshöfe, die der Bevölkerung umliegender Dörfer auch Schutz bieten konnten. Dabei dachte er nicht an militärische Anlagen für groß angelegte kriegerische Aktionen, sondern eher an einen Schutz bei nachbarschaftlichen Zwistigkeiten oder kleineren Raubzügen. Auch Paul Reinecke hatte schon 1922 mit dem Fundmaterial und der Innenbebauung der Schanzen für eine Deutung als spätkeltische Gutshöfe argumentiert, ja er sah darin die direkten Vorläufer der »viereckig ummauerten provinzial-römischen Meierhöfe«. Kurt Bittel vertiefte 1934 diese Überlegungen Reineckes und äußerte die Vermutung ». . .daß der Bewohner der Viereckschanze der Wegbereiter des römischen Bauern war«. Als reine Viehgehege zum Schutz der Herden wollte dagegen 1932 Bartholomäus Eberl die Viereckschanzen sehen. In den letzten Jahren versuchte Julius Beeser nochmals Argumente für diese Deutung zu finden.
Die Grundlage für die Interpretation der Viereckschanzen als Kultanlagen war der 1931 erschienene Aufsatz »Templum« von Friedrich Drexel. Die »Umwehrung« als reines Erdwerk ohne fortifikatorische Einbauten und die formalen Beziehungen zu den späteren gallo-römischen Tempelbauten waren für ihn wichtige Indizien für eine kultische Deutung. Einen konkreten Ansatzpunkt zur Funktion der Viereckschanzen im kultischen Bereich brachte 1952 Peter Goessler in die Diskussion. Hatte er vorher die Schanzen als Gehöfte oder Befestigungen betrachtet, so glaubte er jetzt anhand von Beispie-

Vielfältige Deutungsversuche eines Bodendenkmals

82 Blick von Nordosten auf die beiden Viereckschanzen von Holzhausen, Gem. Straßlach-Dingharting, Lkr. München (Luftbild). In der Bildmitte links liegt die „Schanze 2", in der Klaus Schwarz von 1957 bis 1962 umfangreiche Ausgrabungen durchführte (BLfD Luftbildarchäologie, Aufnahmedatum 2. 2. 87, Fotograf: O. Braasch).

len aus Südwürttemberg Lagebeziehungen zwischen Viereckschanzen und älteren Grabhügelgruppen zu erkennen, was auf eine Funktion im Totenkult hinwies. Kurt Bittel und Siegwalt Schiek konnten diese Überlegungen später wesentlich vertiefen.

Einen entscheidenden Schritt in der Meinungsbildung stellten die Arbeiten von Klaus Schwarz dar: die systematische Erfassung der bayerischen Viereckschanzen in einem Atlaswerk und vor allem die Grabungen in Holzhausen, Lkr. München, waren wegweisend für den weiteren Gang der Forschung. Er entdeckte tiefe Schächte mit organischen Resten, die man als Hinweis auf Blut- und Fleischopfer für unterirdische Gottheiten interpretierte, sowie Grundrisse von Pfostenbauten in der Westecke, die späteren gallorömischen Umgangstempeln ähnlich waren. Als Hartwig Zürn 1958/59 Grabungen in der Viereckschanze von Tomerdingen durchführte, konnte er eine überraschende Übereinstimmung der Befunde feststellen: Auch hier fand sich ein Schacht und ein ähnlicher Torbau, was man gut mit einem einheitlichen Grundprinzip bei der Errichtung umwallter Heiligtümer erklären konnte.

Einen wichtigen neuen Aspekt erbrachten die Grabungen in Fellbach-Schmiden bei Stuttgart (1977–1980), wo Dieter Planck eindeutig nachweisen konnte, daß es sich bei dem Schacht um einen holzverschalten Brunnen gehandelt hat. Dieser Befund mußte natürlich nicht zwangsläufig einem kultischen Charakter der Anlage oder einzelner Gebäude widersprechen, zumal sich im Brunnen hölzerne Tierfiguren fanden, die sicher in kultische Zusammenhänge gehören.

Da bei allen bisherigen Untersuchungen lediglich Teile der jeweiligen Viereckschanze untersucht worden waren, kam der ersten vollständigen Ausgrabung einer solchen Anlage bei Ehningen in Nordwürttemberg durch Siegwalt Schiek große Bedeutung zu. Die Befunde wichen in bemerkenswerter Weise vom bisher Bekannten ab: Im Innenraum fanden sich mehrere Gebäudegrundrisse, und ein Schacht fehlte ganz. Für Baden-Württemberg wurde der Forschungsstand zu den spätkeltischen Viereckschanzen in einem 1990 erschienenen Atlaswerk von Kurt Bittel, Siegwalt Schiek und Dieter Müller zusammengefaßt. In jüngster Zeit hat sich Alfred Reichenberger in zwei umfangreichen Aufsätzen mit der Entstehung und der Bedeutung der Viereckschanzen beschäftigt und dabei nochmals Argumente für ihre kultische Funktion gesammelt. 1989 wurde in Bopfingen-Flochberg in Ostwürttemberg von Rüdiger Krause eine Grabung begonnen, deren Ergebnisse wieder neue Interpretationsmöglichkeiten eröffneten. Wichtig war hier, daß nicht nur das Areal der Viereckschanze, sondern auch die nähere Umgebung flächig untersucht werden konnte. Die Befunde lassen die schon von früheren Forschergenerationen vertretene profane Deutung, d. h. als Rechteckhof oder Mittelpunkt einer ländlichen Dorfsiedlung, wieder wahrscheinlicher erscheinen. Auch die 1991 von Frieder Klein begonnenen und noch andauernden Grabungen im südwürttembergischen Riedlingen weisen in die gleiche Richtung.

Nach diesem Überblick über die Geschichte der Erforschung der Viereckschanzen entsteht der Eindruck, die Forschung habe sich im Kreis gedreht. Man sollte dabei aber nicht vergessen, daß die Vertreter unterschiedlicher Deutungsmöglichkeiten ihre Schlüsse immer nur vor dem Hintergrund des erreichten Forschungsstandes ziehen konnten und bestrebt waren, den wenigen Befunden und Funden ein Maximum an Informationen abzugewinnen und diese durch Vergleiche zu interpretieren.

Im folgenden sollen anhand der wichtigsten Plätze Argumente für eine kultische oder profane Funktion diskutiert werden. Dabei stellt sich grundsätzlich die Frage, wie exakt sich kultische und profane Handlungen trennen lassen

bzw. ob sich nicht Aspekte und Funktionen aus beiden Bereichen in den Viereckschanzen vereint finden.

Die Viereckschanzen von Holzhausen und Tomerdingen: Zur Frage der Kultschächte

1959 konnte Klaus Schwarz das auf eine Anregung von Werner Krämer zurückgehende Atlaswerk der spätkeltischen Viereckschanzen in Bayern vorlegen. Die genaue Vermessung und Dokumentation der bayerischen Schanzen war ein entscheidender Schritt, sowohl für die Viereckschanzen-Forschung als auch für den Aufbau einer systematischen »topographischen Archäologie« im Rahmen der Denkmalpflege. Schwarz konnte bereits einige gemeinsame Züge der Viereckschanzen festhalten, etwa, daß die Tore in der Umwallung sich nie nach Norden öffneten.

In den Jahren 1957–1963 untersuchte Schwarz dann weite Teile einer Viereckschanze im bayerischen Holzhausen (Lkr. München): Durch die sorgfältige und aufwendige Ausgrabung konnten wesentliche Grundzüge gefunden werden, die sich bei späteren Grabungen in anderen Schanzen bestätigt finden sollten. Schwarz konnte fünf Ausbauphasen der Holzhausener Schanze feststellen:

Zunächst bestand eine lückenhafte Einfriedung durch eine Pfahlwand, der Zugang war nur mit zwei Pfosten markiert. Zu dieser ersten Anlage gehört vielleicht ein tiefer Schacht in der Nordostecke. Der erste Ausbauschritt bestand in der Begrenzung der Südwest- und der Nordwestseite durch eine durchgehende Pfahlwand. Die dritte Ausbauphase hatte eine allseitige lineare Einfriedung durch Pfahlwände, der Zugang wurde jetzt durch »große breitovale Gruben von 1–1,5 m Durchmesser« flankiert. In der Westecke wurde ein kleines Gebäude errichtet und im Südwesten ein neuer Schacht angelegt. Als nächstes erfolgte die »Umwehrung« mit Wall und Graben, z. T. scheint dabei die ältere Pfahlwand als Stabilisierung der Wallschüttung verwendet worden zu sein. In der Westecke wurde der

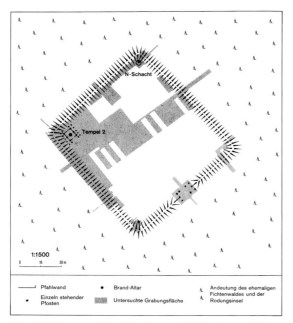

83 Holzhausen, Plan der letzten Ausbauphase 5: Der Graben ist verfüllt, die ursprünglich nur 4 m breite Torlücke im Südostwall ist auf 12 m verbreitert und mit einem Torbau versehen (nach Klaus Schwarz 1975).

kleine Holzbau von Grund auf neu errichtet. Der Südwest-Schacht war zunächst noch in Funktion und wurde dann verfüllt; im Norden der Anlage legte man einen neuen Schacht an. In der fünften und letzten Ausbauphase war der Graben verfüllt und die Torlücke im Wall von 4 auf 12 m verbreitert. Ein mächtiger Torbau mit acht Pfosten wurde errichtet, das Gebäude in der Westecke und der Schacht in der Nordecke waren weiter in Funktion.

Durch eine Vertiefung der von Drexel und Goessler angestellten Überlegungen und durch Vergleiche mit Heiligtümern aus dem griechisch-mediterranen Raum kam Schwarz zu einer Deutung der Viereckschanzen als heilige Bezirke, als »temene«. Eine wesentliche Rolle spielten hierbei die drei Schächte, die er als Opferschächte deutete: Der Gedanke, daß man hier unterweltlichen Mächten Blut- und Fleischopfer dargebracht hatte, lag sicher nahe. Naturwissenschaftliche Analysen, die starke Phosphatanreicherungen in der Füllung ergaben, sowie der

Fund einer Fleischgabel sprachen für diese Deutung.

Die Untersuchung der Holzhausener Schanze zählt bis heute zu den aussagekräftigsten und forschungsgeschichtlich bedeutendsten. Sie hat den weiteren Gang der Viereckschanzen- und Kultplatzforschung in hohem Maße beeinflußt. Der Tod von Schwarz hat leider weitere Forschungen und eine endgültige Publikation verhindert. Die anstehende Aufarbeitung und Publikation seiner Untersuchungen in Holzhausen wird auch angesichts des mittlerweile erreichten Forschungsstandes noch viel Neues zur Frage der Viereckschanzen beitragen können: Spätlatènezeitliche Funde liegen aus Holzhausen in einiger Zahl vor, hervorzuheben wäre etwa die aus Niederbayern stammende Graphitton-Keramik. Der Fund eines römischen Gefäßes des 1. Jahrhunderts n. Chr. im Graben ist von großer Bedeutung, da er ja eine Datierung der letzten Ausbauphase (verfüllter Graben) frühestens in römische Zeit bedeuten würde. Denkt man an die mittlerweile in großer Zahl bekannten römischen Funde aus Viereckschanzen (z. B. Ehningen, Einsiedel-Rübgarten, Bopfingen, Riedlingen), wäre Holzhausen auch für die Frage der Besiedlungskontinuität von der Spätlatène- in die römische Zeit und der Nutzung der Schanzen in römischer Zeit von höchstem Interesse. Zahlreiche spätmittelalterliche und neuzeitliche Keramikfunde belegen, daß die Bewohner der benachbarten Bauernhöfe die Schanze bis in die jüngere Vergangenheit in irgendeiner profanen Form nutzten.

Auch die Untersuchungen von Hartwig Zürn 1958–1959 in der Viereckschanze von Tomerdingen, Alb-Donau-Kreis, die so verblüffend ähnliche Befunde wie in Holzhausen erbrachten, haben wesentlich dazu beigetragen, daß in der Folge kaum jemand Zweifel daran hatte, daß es sich bei allen Viereckschanzen um relativ gleichförmige Kultanlagen handelt. Zu eindeutig erschienen die identischen Befunde der immerhin 160 km voneinander entfernten Anlagen. Zürn untersuchte in Tomerdingen die Westhälfte des Schanzeninnenraums flächig und legte an jeder Seite ein Profil durch Wall und Graben. Den Be-

Die spätkeltischen Viereckschanzen in Süddeutschland – Kultanlagen oder Rechteckhöfe?

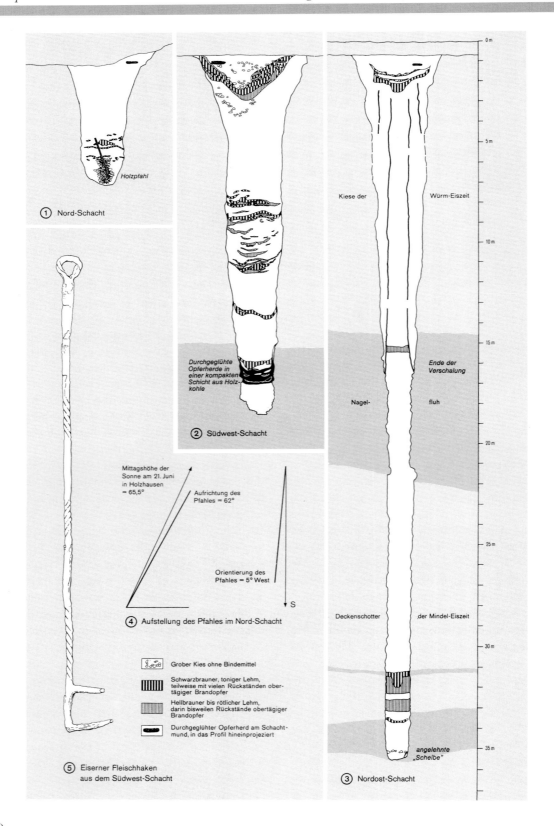

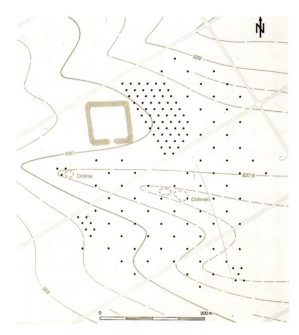

86 Tomerdingen, Keramikschüsseln aus der Verfüllung des Schachtes (nach H. Zürn/F. Fischer 1991).

◁ **85** Die Viereckschanze von Dornstadt-Tomerdingen, Alb-Donau-Kreis. Mittel- und spätlatènezeitliche Lesefunde östlich und südöstlich der Schanze (Rasterung) weisen darauf hin, daß sie im Bereich einer Siedlung lag (nach R. Krause/G. Wieland 1993).

reich des Tores in der Mitte der Südseite legte er ebenfalls flächig frei, wobei er Pfostengruben eines mehrphasigen Torbaus feststellte. Zwei Häufungen von Gruben im Nordwest- und Südwestteil könnten als letzte Spuren von Gebäuden verstanden werden. Nahe der Südwestecke stieß Zürn unter dem westlichen Wall auf einen Schacht, in dessen Füllung er u. a. drei komplett erhaltene Schüsseln fand. Ein wichtiger Befund zeigte auffällige Ähnlichkeit zu Holzhausen: In der 5,5 m tief gelegenen Sohle steckte wie im Nordschacht von Holzhausen eine über 2 m lange Stange. Ursprünglich hatte man diese Befunde als »Kultpfähle« gedeutet. Nachdem sich 1980 der Schacht der Viereckschanze von Fellbach-Schmiden als Brunnen erwiesen hatte, deutete Siegwalt Schiek diese Hölzer als Reste einer Schöpfvorrichtung, bei der Stangen mit dem Schöpfgefäß an einem Wippbalken über der Brunnenöffnung hängen. Ähnliche Brunnen finden sich heute z. B. noch in Ost- und Südosteuropa. Die Interpretation des Schachts als Brunnen stand für Schiek in keinem Widerspruch zur kultischen Deutung. Für die Erklärung von Schiek würde vielleicht auch die Beobachtung sprechen, daß derartige Stangen bislang nur in mäßig tiefen Schächten beobachtet wurden. Für tiefere Schächte wie etwa in Fellbach-Schmiden war eine Hebevorrichtung mit einem Seil notwendig. Zwei größere Gruben nahe der Südwestecke deutete Zürn als Wassersammler, was angesichts der wasserarmen Albhochfläche, auf der die Schanze liegt, sehr wahrscheinlich schien. Interessanterweise lagen sie in direkter Nachbarschaft zum »vorwallzeitlichen« Schacht – vielleicht haben sie ihn in seiner Funktion ersetzt?

Zürn hob gegenüber dem Befund von Holzhausen den relativ hohen Fundanfall in Tomerdingen hervor. Er betonte sogar, daß man die »Liste der Einzelfunde aus Tomerdingen . . .auch als reines Siedlungsmaterial akzeptieren würde«. Erklärbar waren diese Funde entweder mit einer der Schanze an diesem Platz unmittelbar vorhergehenden Siedlung (was nach neueren Funden

◁ **84** Holzhausen, Profilschnitte durch die Schächte. Zieht man eine Deutung als Brunnen in Betracht, könnte es sich bei dem Holzpfahl im Nordschacht um Reste einer Hebevorrichtung für das Schöpfgefäß handeln. Rätselhaft ist eine Scheibe aus organischem Material am Grund des Nordostschachtes (nach Klaus Schwarz 1975).

Die spätkeltischen Viereckschanzen in Süddeutschland – Kultanlagen oder Rechteckhöfe?

auch zutrifft), oder mit der Folge, »daß die bisherige Annahme einer Fundleere der Schanzen nicht zu verallgemeinern ist«. Auch diese Vermutung hat sich mittlerweile bestätigt. Zürn wertete das Gesamtergebnis als Bestätigung dafür, daß es sich bei allen Viereckschanzen um Kultplätze handelte.

Viereckschanzen und Grabhügel: Hallstattzeitliche Wurzeln des spätkeltischen Totenbrauchtums?

Schon Goessler hatte 1952 auf die Lagebeziehungen von keltischen Viereckschanzen zu älteren Grabhügelgruppen hingewiesen. Kurt Bittel legte diese »kaum zu übersehende Beziehung von Grab- und Kultbezirk« 1978 ausführlich dar. Die wichtigste Frage war dabei, ob die zeitliche Distanz von ca. 400 Jahren zwischen den hallstattzeitlichen Grabhügelbestattungen und den Schanzen zu überbrücken ist. Bittel postulierte mehr oder weniger Vorgängeranlagen der spätkeltischen Viereckschanzen, die in die Hallstattzeit zurückreichen. Er brachte die Schanzen also mit einem über Jahrhunderte überlieferten Toten- bzw. Ahnenkult in Verbindung, wollte diese Deutung aber ausdrücklich nicht für alle keltischen Kultbezirke verstanden wissen. Siegwalt Schiek stellte 1982 20 Beispiele aus dem südwestdeutschen Raum vor, die einen Bezug Viereckschanze – Grabhügel nahelegten, und forderte zur Klärung dieses Phänomens gezielte Grabungen. Alfred Reichenberger hat kürzlich ausführlich Argumente gegen eine Kulttradition publiziert und die räumliche Nähe von älteren Grabhügeln und Viereckschanzen mit den gleichen Erhaltungsbedingungen beider Bodendenkmäler begründet, d. h. in weniger intensiv genutztem Gelände (Wald, Grasland) bleiben beide Denkmälergruppen erhalten, während sie in überackertem Gelände schnell verebnet sind. Mittlerweile haben neue Untersuchungen in Baden-Württemberg – teils zufällig – einen Aspekt zur Lagebeziehung Viereckschanze – Grabhügel erbracht, der allerdings mit der Herleitung der Anlagen nichts zu tun hat: Bei einigen Grabhü-

geln in der Nähe von Viereckschanzen fanden sich in der Hügelschüttung Spuren spätkeltischer Nachbestattungen. Dies ist nur so zu verstehen, daß die Sitte der Grabhügelnachbestattung in der jüngeren Latènezeit noch bekannt war wie übrigens auch noch in römischer Zeit. Um nur ein Beispiel zu nennen: Nahe der Viereckschanze von Tomerdingen liegt ein römischer Gutshof. Ein nur ca. 20 m daneben gelegener hallstattzeitlicher Grabhügel enthielt gleichfalls römische Nachbestattungen. Der sakrale Charakter älterer Grabhügel war zu allen Zeiten tief im Bewußtsein der Menschen verwurzelt; nicht selten dienten sie nach Jahrhunderten oder Jahrtausenden erneut als Grabstätte.

Mittlerweile nachgewiesene latènezeitliche Siedlungsreste direkt neben Viereckschanzen machen eine Deutung von benachbarten älteren Grabhügeln als Bestattungsplatz einer kleinen Siedelgemeinschaft wahrscheinlich. Die Funktion der Viereckschanze ist dabei letztlich zweitrangig.

Die Viereckschanze von Fellbach-Schmiden: Kultbilder und Stallmist im Brunnenschacht

In den Jahren 1977–1980 konnte Dieter Planck in Fellbach-Schmiden Teile einer Viereckschanze, die durch Lehmabbau gefährdet war, untersuchen. Spuren einer evtl. vorhandenen Innenbebauung waren durch Erosionsvorgänge beseitigt, nur noch der Graben konnte teilweise erfaßt werden. Nahe der Nordseite wurde im Innenraum ein holzverschalter Schacht, der noch über 20 m tief war, festgestellt. Der Schacht war ursprünglich durch in der Ecke eingefügte Sprossen begehbar. Aus seiner Verfüllung wurden Funde geborgen, die für seine Interpretation und die der Viereckschanze von großer Bedeutung waren: Außer zahlreichen Keramikfunden und Tierknochen hatten sich im staunassen Bereich neben den Brettern der Schalung auch Holzgegenstände erhalten. Ein Holzdaubeneimer sowie Holzspindeln und Holzdübel wurden von Planck als Reste einer Hebevorrichtung erklärt.

87 Fellbach-Schmiden, erhaltene Holzverschalung des Schachtes (Foto LDA Stuttgart).

88/89 Fellbach-Schmiden, bemaltes Spätlatènegefäß und Holzfiguren eines Kultbildes aus dem Schacht.

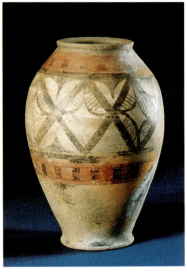

War der Schacht schon von seiner Konstruktion her bis in Details mit römischen Brunnen identisch, unterstrichen diese Funde noch eine solche Deutung.

Die wichtigsten Funde stellten aber zweifellos drei Holzfiguren dar; diese gehörten zu einem größeren Ensemble und sind als Reste eines Kultbildes zu interpretieren. Zwei antithetisch aufgerichtete Steinböcke flankierten ursprünglich eine menschliche Gestalt, von der sich nur die um die Tiere gelegten Arme erhalten haben. Ein sich aufbäumender Hirsch dürfte ebenfalls zur Figurengruppe gehört haben. Das Motiv einer tierbeherrschenden Gottheit ist sehr alt und hat seinen Ursprung im Vorderen Orient. In der keltischen und römischen Welt finden sich Parallelen, interessanterweise gibt es auch Darstellungen einer Gottheit (Epona?) zwischen antithetisch aufgerichteten Pferden. Erstmals waren somit im Innenraum einer Viereckschanze Funde zum Vorschein gekommen, deren kultischer Hintergrund gesichert war. Doch rechtfertigt das eine Interpretation der ganzen Anlage oder gar aller Viereckschanzen als Heiligtümer?

Die Funde und Befunde lassen im Fall von Fellbach-Schmiden keinen Zweifel daran, daß es sich bei dem Schacht um einen Brunnen gehandelt hat. Auch bodenkundliche Untersuchungen bestätigten dies. Ein interessanter Befund im Schacht konnte durch die botanischen Untersuchungen von Udelgard Körber-Grohne erklärt werden: In Schichten mit einem besonders hohen Phosphatgehalt (man vergleiche den Befund von Holzhausen) konnte eindeutig eine starke Konzentration von Stallmist festgestellt werden. Dies kann sicher nicht mit Opferbräuchen in Zusammenhang gebracht werden, dagegen ist es eine sehr einfache und wirkungsvolle Methode, um einen Brunnen unbrauchbar zu machen. Franz Fischer hat darauf bereits hingewiesen, auch mit der Anregung, die Ergebnisse von Holzhausen in dieser Hinsicht nochmals zu überprüfen. Die Tatsache, daß die hölzernen Kultfiguren in den untersten Schichten der Verfüllung gefunden wurden, findet Parallelen in römischen Brunnen (etwa in Pforzheim). Man kann sich gut vorstellen, daß Kultbilder im Zuge einer gewaltsamen Zerstörung auf diese Weise beseitigt wurden, um die Macht der dargestellten Gottheiten zu brechen. Festzuhalten bleibt, daß es in oder bei der Viereckschanze von Fellbach-Schmiden ein Heiligtum gegeben hat, was aber nicht gleichbedeutend mit der sakralen Funktion der ganzen Anlage sein muß. Spätere Beispiele aus römischen Gutshöfen belegen, daß es innerhalb profaner Anlagen kleine Tempel gab.

Die komplette Freilegung einer Viereckschanze bei Ehningen durch Siegwalt Schiek 1984 und später die Grabungen in Bopfingen-Flochberg sind in diesem Zusammenhang ebenfalls von einiger Bedeutung: Es hat auch Schanzen ohne Schacht gegeben, die darüber hinaus Reste einer interessanten Innenbebauung aufwiesen.

Die Viereckschanzen von Ehningen, Bopfingen-Flochberg und Riedlingen – Rechteckhöfe oder Mittelpunkte bäuerlicher Dorfsiedlungen?

1984 konnte Schiek bei Ehningen, Kreis Böblingen, erstmals eine Viereckschanze komplett freilegen. Die Befunde wichen in bemerkenswerter Weise vom bislang bekannten Schema ab: Es konnte kein Schacht festgestellt werden, und innerhalb der Umwallung fanden sich die Pfostengruben mehrerer Gebäude. Rechteckig-quadratische Grundrisse mit vorgestellten Pfostenpaaren (A,B,C) waren schon aus latènezeitlichen Siedlungen bekannt und wurden dort als Reste von Speicherbauten gedeutet. Ein rätselhafter quadratischer Wandgräbchen-Grundriß mit gegenüberliegenden Eingängen (E) blieb zunächst ohne direkte Parallele.

Bei den Grabungen von Rüdiger Krause 1989–1992 bei Bopfingen-Flochberg, Ostalbkreis, wurde neben umfangreichen Resten vorgeschichtlicher Siedlungen auch der größte Teil einer Viereckschanze freigelegt, die schon vor längerer Zeit von Otto Braasch aus der Luft entdeckt worden war. Dabei kamen zahlreiche Gebäudespuren einer früh- und mittellatènezeitlichen Siedlung, die vor der Viereckschanze hier bestanden hatte, zutage. Vor allem östlich der Viereckschanze konnten Baustrukturen untersucht werden, die aufgrund des Fundmaterials in die jüngere Latènezeit datieren (ca. 200–100 v. Chr.) und vermutlich zeitgleich mit der Schanze sind. Während der Grabungskampagne 1992 wurde nordöstlich der Schanze eine rechteckige Palisadenanlage mit zugehörigen Gebäudegrundrissen freigelegt, die nahezu exakt die Hälfte der Innenfläche der umwallten Viereckschanze besitzt. Dieser Befund erinnert an die von Schwarz in Holzhausen entdeckten Palisaden unter dem Wall. Auch Schiek hatte in Ehningen eine Palisadenreihe vor der Nordostseite festgestellt und darin Reste einer älteren Umzäunung vermutet. Wahrscheinlich ist auch die rechteckige Palisadenanlage von Bopfingen als Vorläufer der Wall-Graben-Anlage zu sehen. Hier wurde die jüngere Anlage lediglich ein

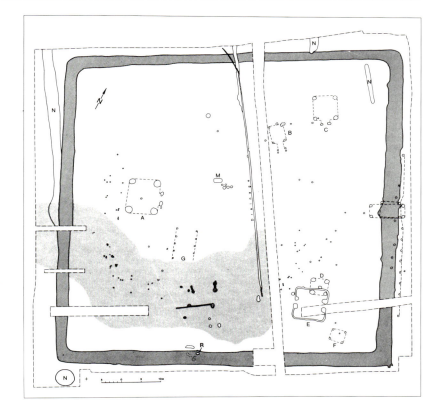

90 Ehningen, Kr. Böblingen, Grabungsplan der Viereckschanze mit Gebäudegrundrissen (nach S. Schiek 1984).

91 Bopfingen-Flochberg, Ostalbkreis, Luftaufnahme der Viereckschanze und der Siedlungsreste während der Ausgrabungen. In den noch nicht abgegrabenen Ackerparzellen zeichnet sich der Graben der Schanze als Bewuchsmerkmal ab (Foto: O. Braasch, LDA Stuttgart).

Die spätkeltischen Viereckschanzen in Süddeutschland – Kultanlagen oder Rechteckhöfe?

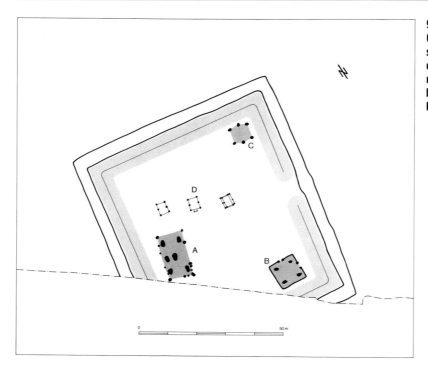

92 Bopfingen-Flochberg, Grabungsplan der Viereckschanze mit der Breite des ergänzten Walles und zur Innenbebauung gehörigen Gebäudegrundrissen (nach R. Krause/G. Wieland 1993).

Stück weiter nach Südwesten versetzt und vergrößert.

Durch charakteristisches Fundmaterial und aufgrund einiger Konstruktionsmerkmale konnten innerhalb der Bopfinger Viereckschanze mindestens vier Gebäudegrundrisse identifiziert werden, die zur Innenbebauung gehört haben dürften. Etwa in der Mitte der Westhälfte wurden sechs mächtige Gruben aufgedeckt (A). Bei einer erhaltenen Tiefe von bis zu 1,20 m hatten sie einen Durchmesser von über 1 m. Größe und Anordnung dieser Gruben lassen an ein nach Osten, auf den Eingang zur Schanze hin orientiertes großes Gebäude denken. Kammstrichkeramik und ein großes Randfragment eines mittel- bis spätlatènezeitlichen Graphittontopfes (ca. 180–100 v. Chr.) unterstreichen die Zugehörigkeit dieser Befunde zur Viereckschanze. In der Nordostecke wurden sechs Pfostengruben mit ähnlich stattlichen Ausmaßen (C), die ein längliches Sechseck bildeten, untersucht. In der Südostecke der Bopfinger Schanze kam der Grundriß eines Gebäudes (B) zutage, der sich von allen älteren und zeitgleichen Befunden unterscheidet. Es handelt sich um einen nahezu quadratischen Bau von 9,5 x 10 m, dessen Begrenzung ein schmales Wandgräbchen mit abgerundeten Ecken bildet. Die abgerundeten Ecken deuten auf eine Flechtwerkkonstruktion der Wände hin. An der Nord- und Ostseite ist das Gräbchen durch ca. 1 m breite Durchgänge mit je zwei flankierenden Pfostengruben unterbrochen.

Im Innenraum fallen vier mächtige Gruben auf, deren Durchmesser bis zu 1,60 m beträgt. Die Untersuchung ergab, daß sie bis zu 1 m tief waren und eine schräge Rampe aufwiesen. Damit sind sie den Gruben des oben beschriebenen Gebäudes A sehr ähnlich. Die Gruben bilden ein Geviert von ca. 6 x 6 m. Aus ihnen stammen ebenfalls mittel- bis spätlatènezeitliche Funde.

Ein rechteckiger Sechspfostenbau (D) mit zwei vorgesetzten Pfosten nicht weit nördlich dieses Wandgräbchenbaus gehört zu einem Gebäudetyp, der aus anderen Viereckschanzen und jüngerlatènezeitlichen Siedlungen gleichermaßen bekannt ist.

Die Innenbauten der Schanze von Bopfingen bil-

Die Viereckschanzen von Ehningen, Bopfingen-Flochberg und Riedlingen

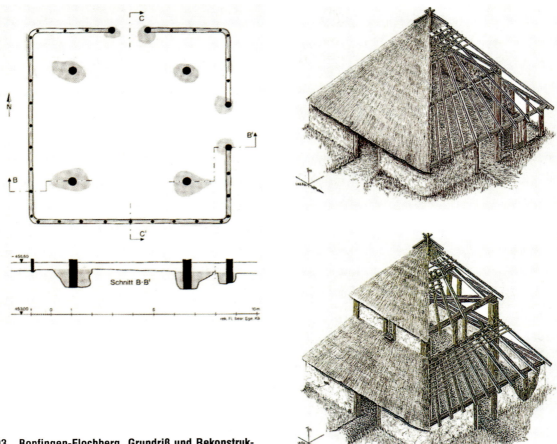

93 Bopfingen-Flochberg, Grundriß und Rekonstruktionsvorschläge für das Gebäude in der Südostecke (nach R. Krause/G. Wieland 1993).

den hinsichtlich ihrer Anordnung ein ähnliches auf das Tor ausgerichtetes Dreieck wie die Bauten der Schanze von Ehningen. Die beste Parallele zu dem Wandgräbchenbau B findet sich ebenfalls in Ehningen. Mit 7,5 x 7,8 m ist der Ehninger Grundriß (E) etwas kleiner. Die beiden ebenfalls von Pfosten flankierten Zugänge liegen sich dort auf der Ost- und Westseite gegenüber.

Auffälligerweise fehlen die großen Gruben im Inneren. Hält man diese Gruben für die Spuren einer stabilen Trägerkonstruktion für das Dach, so könnte man für Ehningen bestenfalls an eine Konstruktion mit Punktfundamenten aus Stein denken, wie sie schon anderwärts nachgewiesen ist. Ein gemeinsamer Zug zeigt sich wieder bei der Lage innerhalb der Schanze: Sowohl in Bopfingen als auch in Ehningen liegen diese Gebäude in der Südostecke, links vom Eingang. Auf einem Luftbild, das Otto Braasch 1981 von der Viereckschanze bei Riekofen, Lkr. Regensburg/Oberpfalz, aufnahm, sind dank des Untergrundes aus Terrassenschotter deutlich Baustrukturen sichtbar: Neben anderen Befunden ist ein Wandgräbchenbau mit abgerundeten Ecken und vier großen Gruben im Inneren erkennbar, der den hier beschriebenen Grundrissen entspricht. Alfred Reichenberger deckte 1984/85 in der Viereckschanze von Arnstorf-Wiedmais, Lkr. Rottal-Inn/Niederbayern, einen nahezu quadratischen Pfostenbau von 14,5 m Seitenlänge auf, den er als Umgangstempel deutete. Ausdrücklich hingewiesen wurde von ihm auf engere Pfostenstellungen in der Ost- und Westseite, die möglicherweise Eingänge bezeichnen. In diesem Detail käme der Befund dem Grundriß von Ehningen mit seinen gegenüberliegenden Zugängen sehr nahe. Auch in Wiedmais liegt dieser Bau in der Südostecke der Schanze, links vom Zugang.

Anhand dieser bislang bekannten Beispiele aus Süddeutschland scheint es gerechtfertigt, von einem Gebäudetyp zu sprechen, der wenigstens für einen Teil der Viereckschanzen charakteristisch ist.

Ähnliche Befunde aus dem Oppidum von Manching bei Ingolstadt sind im Zusammenhang mit den quadratischen Gebäuden aus Viereckschanzen interessant: Schon 1955 wurde dort ein Grundriß mit annähernd quadratischem Umfassungsgraben freigelegt, für den Werner Krämer die Deutung als Tempel vorschlug. Hermann Gerdsen brachte 1982 den Fund eines eisernen Hallstattschwertes im Bereich des Gebäudes mit der Deutung als Tempel in Verbindung. Funde älterer Epochen in Anlagen, deren Deutung unabhängig davon im kultischen Bereich gesucht wird, sind sicher keine zufällige Erscheinung, man könnte hier weitere Beispiele nennen. Ein weiterer Grundriß dieser Form aus Manching wurde 1983 von Franz Schubert beschrieben und seine Beziehung zu späteren gallo-römischen Tempelbauten diskutiert. Eine Deutung der quadratischen Wandgräbchenbauten in den Viereckschanzen als kleine Tempel wäre also naheliegend. Gibt es auch Argumente für eine profane Funktion?

Die Ähnlichkeit der Innenkonstruktion zu hinlänglich bekannten Vierpfostenspeichern ist nicht von der Hand zu weisen. Ein Detail gibt zu denken: Bei den meisten der großen Gruben der Bopfinger Gebäude waren keine Pfostenstandspuren erkennbar, statt dessen hatte man den Eindruck, als wären die Pfosten entfernt und die Gruben aufgefüllt worden. Die volkskundliche Hausforschung bietet für diesen Befund eine interessante Erklärungsmöglichkeit: Noch im Mittelalter gehörten in manchen Gegenden Europas die turmartigen hölzernen Speicher der

Bauernhöfe zur »beweglichen Habe«, d. h. sie waren in einer Art und Weise konstruiert, die einen Abbau, Transport und Wiederaufbau erlaubte. Ein sehr gewichtiges Argument gegen eine sakrale Funktion des Bopfinger Wandgräbchen-Gebäudes scheint die Lage eines Eingangs im Norden. Die Forschungen von Klaus Schwarz haben gezeigt, daß sich bei den bislang bekannten Viereckschanzen und den späteren gallo-römischen Tempeln kein Zugang nach Norden öffnet. Von keinem dieser beschriebenen Gebäudegrundrisse sind Funde bekannt, die direkt auf kultische Handlungen hinweisen.

Bei einem anderen Gebäude innerhalb der Viereckschanze von Bopfingen, nämlich dem sechseckig-ovalen Grundriß C in der Nordostecke, liegt die Deutung als Speicher nahe. Er erinnert an ähnliche Strukturen aus ländlichen Siedlungen des frühen Mittelalters, die als Heubergen oder turmartige Pfahlspeicher für Getreidegarben erklärt werden. Den Gedanken, daß es sich bei manchen »Viereckschanzen« um profane Anlagen, nämlich befestigte Rechteckhöfe handeln könnte, hat schon Helmut Bernhard 1983 am Beispiel der Siedlung von Westheim (Kr. Germersheim) bei Speyer geäußert.

Seit 1991 wird von Frieder Klein eine Viereckschanze bei Riedlingen an der oberen Donau untersucht. Die Gebäudereste im Innenraum (Speicherbauten, Grubenhaus) und das bruchlose Hervorgehen der umwallten Anlage aus einer mittellatènezeitlichen Siedlung werden auch hier als Hinweis auf eine profane Funktion gewertet, konkret wird an einen »Herrenhof« gedacht. In Frankreich und England sind Rechteck- und Quadrathöfe feste Bestandteile des ländlichen Siedelwesens in der jüngeren Laténezeit. An einem Beispiel aus England konnte nachgewiesen werden, daß die einheimische Bevölkerung sogar nach der römischen Okkupation diese Siedelform beibehalten hat. In Süddeutschland sind »Herrenhöfe« aus der Hallstattzeit bekannt, lassen sich aber bislang nicht als ungebrochene Tradition in die jüngere Latènezeit verfolgen. Angesichts der Tatsache, daß durch antike Autoren und entsprechende Funde ein teilweiser Zuzug von keltischer Bevölkerung während der jüngeren Latènezeit aus Südwestdeutschland in die Schweiz nachgewiesen ist, hat Ludwig Pauli kürzlich auf das weitgehende Fehlen der Viereckschanzen in der Nordschweiz hingewiesen. Es wäre in der Tat verwunderlich, wenn eine Stammesgemeinschaft wesentliche Grundzüge ihres religiösen Verhaltens wegen einer kaum nennenswerten räumlichen Verlagerung geändert hätte. Siedlungsformen sind dagegen als Anpassungsmuster des Menschen an seine Umgebung zu verstehen und sind wandlungsfähiger. Denkt man an die palisadenumwehrten Vorgängeranlagen von Holzhausen, Ehningen und Bopfingen, fragt man sich, warum diese plötzlich durch eine Wall-Graben-Anlage ersetzt wurden. Zwar stellen diese keine regelrechten Festungswerke dar, dazu liegen sie oft zu ungünstig, aber ein besserer Schutz und Verteidigungsfähigkeit für eine kleine Siedelgemeinschaft war allemal gewährleistet. War der Ausbau mit Wall und Graben vielleicht eine Reaktion auf veränderte gesellschaftliche Verhältnisse, die ein gewisses Schutzbedürfnis geweckt hatten? Fühlten sich die Teile der Bevölkerung, die in die Nordschweiz gezogen waren, dort so sicher, daß sie diese Form des Bauens wieder aufgegeben haben?

Es scheint durchaus berechtigt, solche Überlegungen zur profanen Nutzung der Schanzen weiter zu verfolgen bzw. einen bereits angesprochenen Aspekt nochmals zu betonen: Selbst wenn es sich bei den beschriebenen quadratischen Bauten um Tempel gehandelt haben sollte, muß die Existenz eines Sakralbaus in der Ecke dann die ganze Anlage als Kultplatz kennzeichnen? Kleine Tempel gehören etwa im Bereich römischer Gehöfte oder Straßenstationen nicht zu den Seltenheiten. Es wäre daher auch zulässig, bei den Viereckschanzen ein breiteres Funktionsspektrum anzunehmen als bisher. Im Hinblick auf angrenzende Siedlungen wäre beispielsweise auch an besonders geschützte Stapelplätze für Erntevorräte zu denken, wie sie etwa aus der Eisenzeit in den norddeutschen Küsten-

gebieten und den Niederlanden bekannt sind.

Nach neueren Untersuchungen kann man sicher nicht mehr von einer einseitig-kultischen Deutung aller Viereckschanzen ausgehen. Die hier herausgehobene regelhafte Lage und Form mancher Bauten ist sicher sehr bemerkenswert, daß es sich aber in jedem Fall um Sakralbauten gehandelt hat, scheint zweifelhaft. Die Existenz von Speicherbauten innerhalb der Schanzen sollte man nicht von vornherein ausschließen. Eine kultische Funktion der Gesamtanlage sollte ebensowenig von einzelnen Gebäuden im Inneren abgeleitet werden. Die hölzernen Kultfiguren aus dem Brunnen von Fellbach-Schmiden zeigen andererseits, daß man die Kultausübung im Bereich solcher Schanzen dennoch nicht aus der Diskussion bringen kann. Auch sind in Frankreich eindeutig spätkeltische Heiligtümer mit einer rechteckigen »Umwehrung« nachgewiesen worden.

Welche Deutungsmöglichkeiten bieten sich somit beim jetzigen Stand der Forschung? Die Funktion umwallter Bezirke als reine Kult- und Versammlungsplätze im Sinne der bisher vorherrschenden Erklärung der Viereckschanzen scheint zu eng. Man möchte die Plätze eher als den Mittelpunkt eines Siedelgefüges verstehen, dessen Funktion kultische und profane Bereiche umfaßt hat. Auch an regelrechte Quadrathöfe wäre zu denken, eine Siedlungsform, die aus älteren Epochen bekannt ist und im Zuge der römischen Besiedlung in entwickelterer Form als Villa rustica wieder auftritt.

Noch sind zu wenige dieser obertägig gleichförmigen Denkmale so sorgfältig untersucht, als daß man einer dieser Möglichkeiten mehr Gewicht gegenüber den anderen geben könnte. Die Klärung dieser Fragen kann nicht allein von neuen Untersuchungen in Viereckschanzen erhofft werden. Erst vor dem Hintergrund umfassender siedlungsarchäologischer Forschungen zur jüngeren Latènezeit werden sich bessere Möglichkeiten zur Deutung und Differenzierung ergeben.

Die Schatzfunde von Snettisham

VON IAN M. STEAD

Snettisham liegt in Norfolk, England, zwischen King's Lynn und Hunstanton am östlichen Ufer des Wash. Seit mehr als 40 Jahren ist die Gemeinde für ihre eisenzeitlichen Goldtorques bekannt. Die ersten Funde wurden gemacht, als auf dem Gut Ken Hill das Goldfeld, wie es heute heißt, tiefer als zuvor für eine Getreideaussaat gepflügt wurde. Man hatte dort über lange Zeit Lavendel angepflanzt. Am 12. November 1948 entdeckte der Pflüger drei vollständige und einen unvollständigen Goldtorques. Er zeigte die Funde seinem Vorarbeiter, der sie für die Teile eines alten Messingbettgestells hielt. Die Funde wurden am Feldrand liegen gelassen. Am nächsten Tag stieß der Pflüger auf einen weiteren Hort, am Tag darauf auf einen dritten. Die Torques lagen etwa eine Woche lang am Feldrand, bevor sie die Aufmerksamkeit eines Direktors der Norfolk Lavender Company erregten, der das Castle Museum in Norfolk benachrichtigte. Der für die Archäologie zuständige Kustos, Rainbird Clarke, begann sofort eine Ausgrabung und entdeckte drei weitere Horte, die er nach der Reihenfolge ihrer Entdeckung A, B und C nannte. Eine Reihe von Suchschnitten in der Umgebung erbrachte weder weitere Horte noch anderweitiges zeitgleiches Fundgut.

Zwei Jahre später, im November 1950, ent-

94 Lage, Topographie und Plan von Snettisham. Im Innern der von einem polygonal verlaufenden Graben umfriedeten Anlage wurden zwischen 1948 und 1991 die Horte A–N entdeckt.

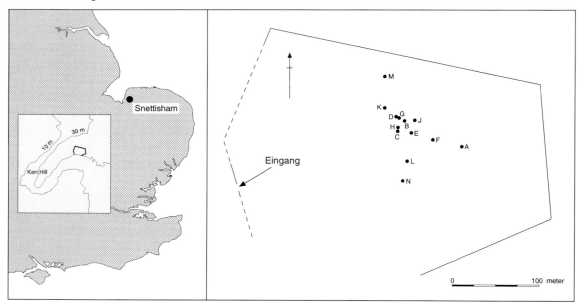

Die Schatzfunde von Snettisham

95 Der Große Torques von Snettisham aus Hort E.

deckte der Pflüger zwei weitere Goldhorte, die mit den Buchstaben D und E bezeichnet wurden. Der Hort E besteht aus dem prachtvollen sog. Großen Torques, einer kleinen gallo-belgischen Münze, dem Ende eines weiteren Torques und einem verzierten Armreif. Als Hort D wird ein einzelner Torques bezeichnet, durch dessen eines Ende ein Ring gezogen ist. Eine Nachgrabung fand nicht statt, so daß die Möglichkeit besteht, daß die beiden Horte D und E unvollständig sind. Einzelne Torques wurden in den Jahren 1964 (in der Nähe der Horte B–E), 1968 (von einer Egge auf den Pfad südwestlich der Horte geschoben) und 1973 (ca. 130 m nordwestlich der Horte B–E) geborgen.

In den darauffolgenden 15 Jahren wurden keine weiteren Entdeckungen gemacht; man nahm an, daß die Fundstelle durch den Pflug völlig zerstört sei. Neue Entdeckungen gab es erst, als der Grundbesitzer Sir Stephen Sycett Green dem in der Gegend ansässigen Charles Hodder 1989 gestattete, seinen Metalldetektor auf dem Gelände zu benutzen. In dem Monat nach der Ernte registrierte Hodder vier Fragmente von Torques und eine zeitgleiche Münze. Diese Objekte waren zwar für die Fundstelle nicht besonders bemerkenswert, doch wurde er dadurch ermuntert, im darauffolgenden Jahr eine gründlichere Untersuchung durchzuführen. Am 25. August 1990 stieß Hodder auf Hort F, der sich aus einer großen Menge fragmentierter Gold-, Silber- und Bronzeobjekte zusammensetzte. Der Entdecker begriff die Bedeutung seines Fundes und versuchte, die für die Gegend zuständigen Archäologen zu benachrichtigen. Diese waren jedoch alle im Urlaub, so daß Hodder beschloß, die Ausgrabung allein durchzuführen. Der Hort F wog 9,2 kg und lag in einer flachen Grube möglicherweise in einem Bronzegefäß, dessen Überreste sich in einem sehr schlechten Zustand befanden. Das Spektrum der Funde ist begrenzt. Es enthält Fragmente von mindestens 50 Torques, 70 Ringbarren oder Armreifen eines Typs, wie er bislang nur aus Snettisham bekannt ist, zwei stabförmige Barren und neun Goldmünzen. Viele der Stücke waren zu Bündeln zusam-

Die Schatzfunde von Snettisham

96 Hort F. Eine Auswahl der Gold-, Silber- und Bronzeobjekte, darunter Ringbarren und Münzen.

mengebunden. Die Entdeckung des Hortes F zeigte, daß das Gelände doch nicht völlig vom Pflug zerstört worden war und daß nur eine sofortige Nachgrabung Raubgräbern zuvorkommen würde. Ermutigt und unterstützt vom Castle Museum Norwich führte das Britische Museum 1990 eine Ausgrabung durch.

Die Ausgrabung

In einem ersten Schritt wurde das Gebiet um die Fundstelle des Hortes F mit der Hand freigelegt, um zu sehen, ob etwas übersehen worden war. Den Ort wiederzufinden war kein Problem, da Hodder ihn genau eingemessen hatte. Er hatte jedoch eine sehr gründliche Arbeit geleistet, so daß nur noch sehr wenig zu entdecken war. Außer einem Fragment, das 2 m entfernt von der Grube entdeckt wurde, war der Hort vom Pflug nicht berührt worden. Das übrige Gelände zu untersuchen, stellte ein größeres Problem dar,

denn die Horte hatten bis zu 80 m voneinander entfernt gelegen, und es hätte sehr lange gedauert, das gesamte Gebiet per Hand freizulegen. Hinweise auf archäologisches Material im Umfeld der Fundstellen fehlten zudem. Eine viermalige intensive Feldbegehung durch die Norfolk Archaeological Unit im Winter 1983 hatte keine späteisenzeitlichen Funde erbracht. Die Auswertung von Luftbildern und gradiometrischen Untersuchungen blieben ergebnislos, ebenso eine Phospatuntersuchung durch das Forschungslabor des Britischen Museums. Das vorrangigste Ziel war es, festzustellen, ob weitere Horte existierten, und die nächstliegende Methode wäre die Anwendung von Metalldetektoren gewesen, die allerdings nur eine begrenzte Reichweite haben. Damit sie den gewachsenen Stein erreichen konnten, mußte zuerst der Ackerboden entfernt werden. Mit Hilfe eines box scraper wurde der Boden in sehr schmalen Streifen abgetragen. Eine Gruppe von Archäologen beobachtete die Erde, die in den Kasten des box scraper trans-

Die Ausgrabung

97 Weitere Funde aus Hort F, darunter stabförmige Barren.

98 Der Ringhort J in situ.

99 Ein Goldtorques mit Ösenenden aus Hort H.

portiert wurde, und suchte die abgeschobene Fläche und den Abraum ab. Charles Hodder und ein weiterer Mitarbeiter folgten dem box scraper mit Metalldetektoren. Fundstellen wurden von den Ausgräbern markiert und mit einem Tachimeter eingemessen.

Auf diese Art wurde in der Umgebung der Horte B–E ein Gebiet von fast 1000 m² untersucht, das drei weitere Horte (G, H und J) erbrachte. Neben diesen Horten stellten sechs sehr flache neolithische Gruben die eindrucksvollsten Funde dar. Weiterhin fanden sich einige spät-

Die Schatzfunde von Snettisham

bronzezeitliche Streuscherben und zwei römische Münzen; kein Befund und keine Scherbe reichte jedoch näher als 200 Jahre an die späteisenzeitlichen Horte heran. Zeitlich am nächsten steht eine antoninische Münze des 2. Jahrhunderts n. Chr.

Da es keine Hinweise auf weitere eisenzeitliche Funde gab, schien es keinen Grund zu geben, die Untersuchungen weiter auszudehnen. Doch hatten die Horte A und F 60 m bzw. 25 m jenseits der Grabungsgrenze gelegen, und frühere Lesefunde ließen vermuten, daß südlich, östlich und westlich der Grabung weitere Horte deponiert worden waren. Daher wurde entschieden, die Arbeit zwar fortzusetzen, sich jedoch auf das Abräumen der oberen Ackerbodenschicht zu beschränken. Danach wurden die Untersuchungen mit Metalldetektoren fortgesetzt. Auf diese Weise kamen die Horte K und L zum Vorschein sowie verstreute Funde, die aus weiteren Horten zu stammen schienen. Insgesamt wurde 1990 eine Fläche von 1,2 ha untersucht.

Im folgenden Winter setzte Hodder mit seinem Metalldetektor die Suche fort. Er fand sechs Torquesfragmente und elf Münzen sowohl in dem bereits untersuchten Gebiet als auch jenseits der Grabungsgrenzen. Er mußte mit der Arbeit aufhören, als Zuckerrüben gesetzt wurden, setzte sie aber im anschließenden Gehölz fort, das nur während der kurzen Zeitspanne zwischen der Jagdsaison und der Brutzeit betreten werden durfte. Am Rande des Gehölzes fand Hodder Hort M. Auf den ersten Blick war dieser Hort weniger eindrucksvoll als die anderen, denn er bestand aus formlosen Silberklumpen mit einem Kupferanteil von 25% und einem Gesamtgewicht von 6,6 kg. Der Kupferanteil läßt vermuten, daß das Silber nicht in dieser Form gewonnen wurde, sondern aus eingeschmolzenen Objekten besteht. Die Objekte können jedoch nicht mehr identifiziert werden, so daß Datierungshinweise fehlen. Glücklicherweise waren jedoch auch einige Holzkohlestückchen erhalten, die mit der ^{14}C-Methode datiert werden konnten.

Als im November 1991 die Zuckerrübenernte vorüber war, setzte das Britische Museum seine Ausgrabungstätigkeit fort. Wiederum wurde der Ackerboden abgetragen und der Grund mit Metalldetektoren untersucht. Das Gebiet wurde auf 2,5 ha ausgedehnt und umfaßte nun alle früheren Fundstellen. Es kamen jedoch nur drei Fragmente von Torques und eine Ansammlung von sechs gallo-belgischen Stateren zum Vorschein, die von einem gestörten Hort stammen müssen (Hort N). Die interessanteste Entdeckung der Grabungen von 1991 war jedoch eine große, von einem Graben umgebene Anlage. Ihre Untersuchung wurde im folgenden Jahr fortgesetzt.

Die Horte

Die Horte G, H, J und K bestanden aus eng gepackten »Nestern« von Torques in sehr kleinen Gruben, die nicht tiefer als 0,2 m und gerade groß genug für ihren Inhalt waren. Ein sehr schöner Torques wurde sogar so sehr zusammengebogen, daß sich seine Enden in der Grube überlappten und der Torques bei der Entnahme in seine ursprüngliche Form zurücksprang. Eine dünne Erdschicht, welche die Funde der Horte G und H jeweils trennte, ließ erkennen, daß in diesen Fällen die Niederlegung in zwei Phasen vonstatten gegangen war. Der wertvollste Torques fand sich in beiden Gruben zuoberst der unteren

100 Hort H in situ. Unter den Silbertorques solche aus Bronze.

Die Horte

101 Drei Silbertorques aus Hort L.

Depots. Die Horte J und K waren durch den Pflug gestört worden, so daß die obersten Torques zerbrochen und ihre Fragmente zerstreut waren. Zuerst schien es, daß der Hort L den anderen ähnlich sei, doch lag das Nest der sieben silbernen und goldenen Torques in der oberen Verfüllung einer verhältnismäßig großen Grube. Nur 0,17 m darunter wurde in einer 0,34 x 0,4 m großen und 0,33 m tiefen Grube eine viel eindrucksvollere Sammlung angetroffen. Von den Torques bestehen vier aus Gold, sieben aus einer Legierung aus Gold und Silber und einer aus Silber. Die fünf Horte, die im November 1990 entdeckt wurden, enthielten 63 Torques: neun goldene, 15 aus einer Gold-Silber-Legierung, 14 silberne und 25 bronzene.

Insgesamt wurden mindestens 11, vielleicht sogar 13 Horte in Snettisham vergraben. Die Horte G, H, J, K und L bestehen aus vollständigen oder fast vollständigen Torques. Der Hort A, der durch den Pflug gestört wurde, könnte ähnlich zusammengesetzt gewesen sein. Bei seinen vier hohl gearbeiteten Torques aus Bronzeblech handelt es sich jedoch um Typen, die sich in den anderen Horten nicht wiederfinden. Die Horte D und E und die einzelnen Torques, die in den Jahren 1964, 1968 und 1973 von Landarbeitern gefunden wurden, könnten Teile von Depots gewesen sein. Dies gilt besonders für die Horte J und K, die vom Pflug gestört wurden. Die Horte B und C gehören jedoch zu einer anderen Kategorie und haben mehr mit dem Hort F gemein-

105

Die Schatzfunde von Snettisham

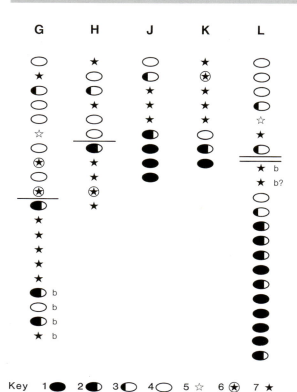

102 Diagramm der stratigraphischen Lage der Torques in den Horten G, H, J, K und L unter Berücksichtigung der Metallegierungen. 1 über 50% Gold, 2 Gold-Silberlegierung mit 20–50% Gold, 3 Gold-Silberlegierung mit 10–19% Gold, 4 über 50% Silber, weniger als 10% Gold, 5 Kupferlegierung mit etwas Silber, 6 vergoldete Bronze, 7 Bronze. – b = Armringe in Hort L bzw. Ringbarren in Hort G.

Die Querstriche bei den Horten G und H zeigen klar erkennbare Erdschichten an, die den jeweils wertvollsten Torques vollständig abdeckten bevor weitere Torques deponiert wurden. Der Doppelquerstrich bei Hort L zeigt die Trennschicht der beiden übereinander angetroffenen Deponierungen an.

103 Hort L in situ. Im unteren Bereich der Grube vor allem Goldtorques.

Die Horte

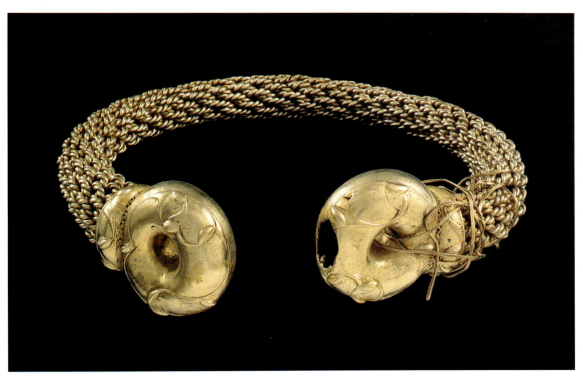

104 Torques mit verzierten Ringenden aus Hort L.

105 Torques mit massiven reliefverzierten Ringenden aus Hort L.

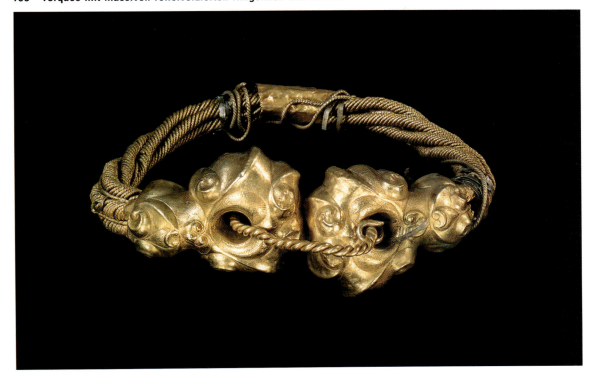

Die Schatzfunde von Snettisham

106   Das Detail der Enden des Torques aus Hort L läßt die Darstellung stark verfremdeter menschlicher Gesichter erkennen.

107   Eine menschliche Gesichtsdarstellung trägt das reich verzierte Ende dieses hohl gearbeiteten Torques. Streufund.

sam. Sie enthalten außer fragmentierten Torques ringförmige Barren oder Armreifen und Münzen. Die zuletzt gefundenen Horte weisen wiederum Unterschiede zu den vorherigen Funden auf. Hort M besteht aus Metallklumpen und Hort N nur aus Münzen. Insgesamt dominieren unter den Funden von Snettisham drei Fundtypen. Es wurden 75 mehr oder weniger vollständige Torques und die Fragmente weiterer 100 Torques geborgen sowie mehr als 100 Barrenringe oder Armreifen und 234 Münzen. Das Gesamtgewicht dieser Funde beträgt etwa 40 kg, darunter allein 11 kg Gold und 16 kg Silber aus den Jahren 1990 und 1991.

In Snettisham können sechs Torquestypen unterschieden werden: 124 Exemplare mit Ösenenden, 42 mit Petschaftenden, 10 mit Ringenden, 5 mit Käfigenden und einer mit Spulenende. Zahlreiche Torques tragen reichen Dekor im spätkeltischen Stil des 1. Jahrhunderts v. Chr., und zwar in einer charakteristischen insularen Ausprägung. Weder Typologie noch deutlich erkennbare stilistische Unterschiede ergeben Anhaltspunkte für eine zeitliche Gliederung.

Die Grabenanlage

Neben den Hortfunden war die wichtigste Entdeckung der letzten Ausgrabungen die Grabenanlage. Ken Hill ist ein nach Westen vorspringender Ausläufer der Wash-Berge. Aufgebaut aus eisenhaltigem Sandstein, der lokal zum Hausbau genutzt wird, bietet sich von Süden oder Westen gesehen der Eindruck einer markanten Erhebung. Die Grabenanlage liegt, fortifikatorisch keineswegs günstig, an der Südseite und keineswegs am Ende des Bergrückens, und schließt abfallendes Gelände ebenso ein wie einen Teil des Plateaus. Der Graben wurde nörd-

Die Grabenanlage – Chronologie

108 Dieser Goldtorques aus Hort F war zerdrückt und beschädigt; er läßt Abnutzungsspuren und Reparaturen erkennen, die auf langen Gebrauch hinweisen.

lich der Horte bei geophysikalischen Messungen entdeckt. Ein Schnitt zeigte, daß er unter dem Ackerboden 3 m breit und 2 m tief war. Im Gelände war von diesem Graben nichts zu sehen, doch konnte er mit Hilfe geophysikalischer Prospektion über den gesamten Acker verfolgt werden. Es war nicht einfach, seine Westseite im Gehölz auszumachen; seine Spur verlor sich schließlich an der Südwestecke. Auf der Südostseite wurde es durch die geologischen Veränderungen zusehends schwieriger, Messungen durchzuführen, da der Sandstein in dem abfallenden Gelände dem darunterliegenden Ton weicht. Die Grabenanlage, die auf diese Weise festgestellt wurde, ist polygonal und umfaßt 8 ha. Fünf Seiten waren durch Gräben markiert, doch zeigten Suchschnitte, daß es an der Südseite nie einen Graben gegeben hat; hier war die Anlage zum tieferliegenden, in der Antike sumpfigen Gelände hin offen.

Die geophysikalischen Untersuchungen führten zum Nachweis eines einzigen Einganges an der Südwestseite der Anlage, der sich zum Ende des Bergrückens hin öffnete. Zur Landseite hin, im Norden und Westen, gab es keinen Eingang. Vergeblich wurde versucht, durch Ausgrabung zweier gerader Grabenabschnitte sowie beidseits gelegener Suchschnitte die Existenz eines Walles nachzuweisen. Ausgrabungen am Eingang ergaben zwar keinen Hinweis auf eine Toranlage, aber Datierungsanhaltspunkte für die Grabenverfüllung. Auf der Sohle des Grabens lagen flavische Scherben der zweiten Hälfte des 1. Jahrhundert n. Chr., die mittlere Verfüllung datierte ins 2. und Funde des 4. Jahrhunderts wurden in den oberen Schichten gemacht.

Innerhalb der Anlage wurden drei Flächen geöffnet und vollständig ausgegraben. Der Ackerboden wurde auf einer Fläche von 2 ha entfernt und nach Metallfunden durchsucht. Späteisenzeitliche oder römische Befunde wurden nicht entdeckt. Es konnten jedoch römische Funde, darunter 48 Münzen, im Pflughorizont aufgesammelt werden, von denen 32 in das späte 1. oder das 2. Jahrhundert datieren. Die früheste unter den römischen Münzen ist ein As des Nero; es gibt keinen Nachweis für eine Nutzung des Geländes in dem vorhergehenden Jahrhundert.

Chronologie

Vier Horte (B, E, F und N) lassen sich aufgrund der Vergesellschaftung mit gallo-belgischen Stateren und Viertelstateren mit einiger Sicherheit auf etwa 70 v. Chr. datieren. Der Hort C enthält eine große Anzahl von Potinmünzen, die etwa zu der gleichen Zeit deponiert worden sein könnten. Der Hort M ließ sich durch die ^{14}C-Methode (kalibriert mit einer Sicherheit von 68%) in die Zeitspanne zwischen 90 v. Chr. und 70 n. Chr. datieren. Er könnte ebenfalls mit den zuerst genannten Horten zeitgleich sein. Auf jeden Fall später, vielleicht aber auch nicht mehr als eine Generation (ca. 50 v. Chr.), datiert eine Reihe von lokalen »Wolf«-Stateren, die über das Feld verstreut lagen, aber vielleicht von einem

Die Schatzfunde von Snettisham

109 Der Umfassungsgraben im Eingangsbereich; deutlich sichtbar die Unterbrechung für den Zugang.

anderen Hort stammen. Der Bereich, auf dem diese Funde gemacht wurden, war im Neolithikum und noch einmal am Ende der Bronzezeit besiedelt worden, wurde jedoch mindestens 500 Jahre vor der Deponierung der Horte aufgelassen. Es gab keine Befunde, die mit den Horten zeitgleich sein könnten, keine Gruben oder Gräben, Herde oder Öfen, auch keine Keramik. Möglicherweise im 1. Jahrhundert vor oder nach Christi Geburt wurde die große polygonale Anlage errichtet, deren Graben sich ab dem 1. Jahrhundert n. Chr. langsam wieder verfüllte. Wenn der Graben mit den Horten gleichzeitig bestand, wurde er mehr als ein Jahrhundert lang offengehalten und gepflegt, denn Spuren weiterer Aktivitäten waren nicht nachweisbar. Hinweise auf eine schwache Besiedlung existieren aus der Römerzeit; der Graben wurde jedoch nicht mehr respektiert, und es gibt keine Belege dafür, daß der Anlage in dieser Zeit noch eine besondere Rolle zukam. In der Mitte des 4. Jahrhunderts wurde aus dem anstehenden Sandstein Eisen gewonnen, und große Mengen von Schlacke und Ofenabfällen wurden in den Graben entsorgt.

Der Schatz von Snettisham ist die größte eisenzeitliche Gold- und Silberdeponierung Englands, ja sogar Europas. Die neuesten Grabungen waren vor allem im Hinblick darauf, daß eine Reihe von Horten von Archäologen entdeckt, ausgegraben und dokumentiert wurden, sehr erfolgreich. Es gelang jedoch nicht, einen unzweifelhaften Grund für die Niederlegung der Gegenstände zu finden. Die ungewöhnliche Grabenanlage hat sicherlich eine Rolle gespielt, doch gehören die einzigen datierbaren Funde in ein späteres Jahrhundert. Möglicherweise umschloß der Graben einen sakralen Raum oder den Versammlungsort eines Stammes. Ohne einwandfreie Beweise können wir jedoch nur spekulieren.

Glossar

Bellovaker Gallischer Volksstamm in NO-Frankreich, nach Caesar zu den Belgern gehörig.

Berner Scholien Eine Sammlung von erklärenden, spätantiken bis frühmittelalterlichen Kommentaren zum literarischen Werk des Lucanus (1. Jahrhundert n. Chr.).

Boier Nordalpiner keltischer Stamm, der im 4. Jahrhundert v. Chr. in Italien einwandert.

C.N.R.S. Centre National des Recherches Scientifiques. Staatliche Forschungsinstitution in Frankreich.

Campana Fachbezeichnung für eine in Italien hergestellte schwarze Glanztonkeramik des 2. und 1. Jahrhunderts v. Chr. Häufig als Import in keltischen Siedlungen.

Carnuten Ein zentralgallischer Stamm mit Cenabum (Orléans) als Hauptort.

Carnyx Keltisches trompetenartiges Blasinstrument.

Chtonische Gottheiten Unterirdisch wirkende Gottheiten.

Civitas Im Sinne Roms Stammesgemeinde mit eingeschränkter Selbstverwaltung. Von Caesar häufig verwendeter Begriff für gallische Stämme.

Coligny Fundort eines auf einer Bronzetafel aufgezeichneten gallischen Kalenders in lateinischer Schrift in Südostfrankreich.

Evergetismus Religiös motiviertes Mäzenatentum.

Fanum Lateinischer Begriff für ein meist nichtrömisches Heiligtum. In der französischen archäologischen Fachsprache zur Kennzeichnung des gallorömischen Umgangstempels verwendet.

Galater Gruppe keltischer Stämme, die 279/78 v. Chr. in Kleinasien einwandern.

Gallien wird in diesem Buch im Sinne der französischen Geschichtsschreibung verwendet und entspricht dem antiken Gallia Transalpina oder Ulterior, etwa Frankreich, Westdeutschland und die Beneluxstaaten umfassend.

Gallier siehe Kelten.

Hallstattzeit/-kultur Ältereisenzeitliche Zeitperiode und Kultur. Namengebend das Gräberfeld von Hallstatt in Österreich.

In Situ Achäologischer Fachbegriff für die ursprüngliche Lage von Funden.

Kelten Die antike Ethnographie kennt die Begriffe Keltoi (griech.) oder Celtae (lat.) und verwendet sie meist gleichbedeutend mit Galatai (griech.) oder Galli (lat.) für Völker in Gallien und im südlichen Mitteleuropa.

Latènezeit/-kultur Jüngereisenzeitliche Zeitperiode und Kultur. Namengebend der Fundplatz La Tène am Neuenburger See in der Schweiz.

Ligurer Nichtkeltisches Volk, Siedlungsgebiet in den Jahrhunderten v. Chr. Geburt von Oberitalien bis zur Rhône reichend.

Mantik Kunst der Zukunftsschau.

Nativismus Festhalten an eigener Kultur bei drohender Überfremdung.

Oppidazivilisation Archäologische Bezeichnung des spätkeltischen Kulturraumes zwischen Ungarn und Atlantikküste, geprägt durch frühstädtische Siedlungen, die von Caesar meist als oppida bezeichnet werden.

Portikus (die) Säulenhalle.

Sacra Kultgeräte.

Salluvier Ligurisch-keltisches Mischvok in SO-Gallien.

Stater Griechische Gewichtseinheit für Goldmünzen (8,1–8,5 g); wird in Fachsprache auch für keltische Goldmünzen verwendet.

Substitution U. a. religionswissenschaftlicher Begriff zur Kennzeichnung einer Ersatzhandlung; z. B. das Menschenopfer wird durch Tieropfer ersetzt oder die Originalwaffe durch eine Miniaturwaffe.

Topos Formelhafte Redewendung oder festgefügte, über lange Zeit tradierte Vorstellung.

Torques Antike Bezeichnung für offene Halsringe aus Metall mit gedrehtem, tordiertem Reifen. Keltische Krieger werden in der antiken Kunst traditionell mit Torques dargestellt. Attribut keltischer Gottheiten.

Trophäe Von lateinisch tropaeum und griechisch tropaion. Ein aus Beutewaffen errichtetes Siegeszeichen oder -denkmal.

Auswahl antiker Texte
zur Religion der Kelten

Poseidonios von Apameia (ca. 135–51/50 v. Chr.). Die Historien des Poseidonios sind nur in Fragmenten erhalten, die jüngere Autoren überliefert haben (S. 11 ff.). Die hier zusammengestellten Poseidoniosfragmente sind J. Malitz, Die Historien des Poseidonios (München 1983) entnommen.

Diodor 5, 31.2–4: Es gibt bei ihnen (den Galliern) auch Liederdichter, die sie Barden nennen. Sie musizieren auf Instrumenten, die Leiern ähnlich sind; die einen preisen sie, und die anderen schmähen sie. Es gibt ferner einige Philosophen und hochgeehrte Gottesgelehrte, die man Druiden nennt. Sie haben auch Wahrsager, die sie großer Ehrerbietung für würdig halten. Sie sagen die Zukunft voraus mit Hilfe des Vogelflugs und der Opferschau, und die ganze Volksmenge hört auf sie. Besonders wenn sie über bedeutungsvolle Angelegenheiten die Zeichen befragen wollen, gibt es einen merkwürdigen und unglaublichen Brauch: sie weihen einen Menschen und stoßen ihn mit einem Schwertstreich oberhalb des Zwerchfells nieder, und während des Zusammenbruchs des Opfers, aus der Art des Falles und der Zuckungen der Glieder, und dazu aus dem Strömen des Blutes wollen sie die Zukunft erkennen, im Vertrauen auf die alte und vielgepflogene Beobachtung dieser Vorzeichen. Nach Malitz S. 196.

Diodor 5, 32.6: Entsprechend ihrer Wildheit freveln sie auf abgeschmackte Weise auch bei ihren Opfern: die Übeltäter halten sie fünf Jahre lang gefangen und pfählen sie dann zu Ehren der Götter, verbrennen sie zusammen mit vie-

len anderen Opfergaben und errichten riesige Scheiterhaufen. Sie verwenden auch die Kriegsgefangenen als Opfergaben zu Ehren der Götter. Einige von ihnen töten auch die im Kriege erbeuteten Tiere zusammen mit den Menschen oder verbrennen sie oder bringen sie sonst auf qualvolle Weise um. Nach Malitz S. 196.

Strabon 4, 1, 13: Glaubwürdiger ist freilich der Bericht des Poseidonios. Die in Tolosa gefundenen Schätze hätten einen Wert von fünfzehntausend Talenten gehabt, sagt er, wobei ein Teil in Heiligtümern verschlossen und ein anderer Teil in heilige Teiche versenkt war, und alle Schätze sollen nicht verarbeitet, sondern bloßes Gold und Silber gewesen sein. Der Tempel in Delphi sei zu jener Zeit schon bar solcher Schätze gewesen, ausgeraubt von den Phokern zur Zeit des Heiligen Krieges. Und wenn etwas übriggelassen worden sei, so wäre es an viele verteilt worden, und daß sie heil nach Hause gekommen wären, sei auch nicht wahrscheinlich, da sie sich nach dem Rückzug von Delphi jämmerlich aus dem Staube gemacht hätten und aus Uneinigkeit verstreut worden seien in alle möglichen Richtungen.

Vielmehr, wie Poseidonios gesagt hat und viele andere, war das Land goldreich und wurde bewohnt von gottesfürchtigen und in ihrer Lebensweise nicht aufwendigen Menschen, und so gab es überall im Keltenland Schätze. Besonders die Teiche, in die sie die Gold- und Silberbarren versenkten, gewährten den Schätzen Schutz vor Diebstahl. Als sich nun die Römer dieses Gebietes bemächtigt hatten, verkauften sie

die Teiche von Staats wegen, und viele Käufer fanden massive Silberbrocken. In Tolosa befand sich auch das Heiligtum, das von den Ureinwohnern sehr verehrt wurde, und es gab besonders viele Reichtümer, da viele dort ihre Geschenke weihten und keiner daran zu rühren wagte. Nach Malitz S. 221 f.

Strabon 4, 46: Im Ozean, sagt er, gebe es eine kleine Insel, nicht weit hinaus in der See, vor der Mündung des Liger; diese Insel bewohnten die Frauen der Samniten, die dem Dionysos ergeben seien und diesen Gott mit Mysterien feierten und mit anderen Opferhandlungen gnädig stimmten. Kein Mann dürfe die Insel betreten, aber die Frauen selbst würden zum Festland fahren, dort mit den Männern Gemeinschaft pflegen und dann wieder zurückfahren. Es gebe dort die Sitte, einmal im Jahr das Heiligtum abzudecken und am selben Tage vor Sonnenuntergang wieder zuzudecken, wobei jede Frau eine Ladung für das Dach herbeitrage. Eine Frau aber, der ihre Last entglitte, würde von den anderen zerrissen, und die Fetzen trügen sie um das Heiligtum herum unter Jubelrufen und würden nicht eher aufhören, als bis ihre Verzückung ein Ende gefunden habe. Es komme immer so, daß jemand der Frau, die das erleiden solle, einen Stoß versetze. Nach Malitz S. 181.

Diodor 5, 27.4: Etwas Eigentümliches und Merkwürdiges bei den weiter nördlich wohnenden Kelten ist ein Brauch in den Heiligtümern der Götter – in den Tempeln und den in ihrem Land eingerichteten heiligen Bezirken wird vieles den Göttern geweihtes Gold ausgestreut, und keiner von den Einheimischen rührt es an aus Furcht vor den Göttern, obwohl die Kelten außerordentlich habsüchtig sind. Nach Malitz S. 187.

Diodor 5, 28.6: Bei ihnen herrscht nämlich die Lehre des Pythagoras, daß die Seelen der Menschen unsterblich seien und nach dem Ablauf einer bestimmten Zahl von Jahren wieder leben würden, indem die Seele in einen neuen Leib übergeht. Deshalb werfen auch bei den Begräbnissen der Verstorbenen einige an ihre Verwandten gerichtete Briefe in den Scheiterhaufen, als ob die Toten die Briefe lesen würden. Nach Malitz S. 191.

Strabon 4, 4, 5: Poseidonios jedenfalls sagt, er habe das vielerorts gesehen, und zuerst habe er das unleidlich gefunden, dann aber wegen der Gewöhnung den Anblick ruhig ertragen. Die Köpfe vornehmer Feinde balsamierten sie ein und zeigten sie den Fremden, und nicht einmal für das gleiche Gewicht in Gold waren sie bereit, die Köpfe auszulösen. Nach Malitz S. 192.

Diodor 5, 29.4: Den gefallenen Feinden schlagen sie die Köpfe ab und hängen sie ihren Pferden um den Hals. Die blutigen Waffen geben sie ihren Dienern und ziehen mit den Trophäen umher, stimmen den Paian an und singen ein Siegeslied, und solche Beute nageln sie an ihre Türhallen, als hätten sie auf der Jagd wilde Tiere erlegt. Die Köpfe der vornehmsten Feinde balsamieren sie ein und bewahren sie sorgfältig in einer Truhe auf, zeigen sie dann den Gastfreunden und führen große Reden darüber, daß für diesen Kopf da einer der Vorfahren oder der Vater oder er selbst viel Gold geboten bekommen hätten, es aber nicht genommen habe. Man sagt, daß einige sogar geprahlt hätten, daß sie für einen solchen Kopf ein gleiches Gewicht Gold nicht angenommen hätten. Dabei zeigen sie eine gewisse Großgesinntheit, aber doch eine barbarische. Es ist nämlich nicht edel, die Beweisstücke der Tapferkeit nicht verkaufen zu wol-

len; tierisch ist es aber, noch den toten Artgenossen zu bekriegen. Nach Malitz S. 193.

C. J. Caesar (100–44 v. Chr.) in seinen Commentarii de Bello Gallico VI, 13–18 über die Religion der Gallier: Von den erwähnten zwei Klassen aber sind die eine die Druiden, die andere die Ritter. Die Druiden gestalten den Kult, besorgen die öffentlichen und privaten Opfer, legen die religiösen Vorschriften aus. Bei ihnen sucht eine große Zahl junger Männer ihre Ausbildung, und sie stehen bei den Galliern in hohem Ansehen. Sie nämlich entscheiden fast allen öffentlichen und privaten Streit, und auch wenn ein Verbrechen begangen ist, ein Mord geschehen, wenn über eine Erbschaft oder eine Grenze Streit herrscht, fällen sie das Urteil und setzen Belohnungen und Strafen fest. Fügt sich ein einzelner oder ein Stamm ihrem Spruch nicht, so schließen sie ihn von den Opfern aus. Diese Strafe ist für Gallier die schlimmste, denn wer mit diesem Bann belegt ist, gilt als Frevler und Verbrecher, alle gehen ihm aus dem Weg und fliehen Begegnung und Gespräch, um sich durch die Berührung kein Unheil zuzuziehen. Sie können weder ihr Recht noch irgendeine Ehre erlangen. An der Spitze aller Druiden steht der, der unter ihnen das höchste Ansehen genießt. Stirbt dieser, so folgt ihm der Druide nach, der sich deutlich vor den übrigen auszeichnet, oder die Druiden stimmen bei mehreren gleich Würdigen über sie ab; manchmal kämpfen sie sogar mit Waffen um das höchste Amt. Die Druiden sitzen zu einer bestimmten Jahreszeit im Gebiet der Karnuten, das als die Mitte ganz Galliens gilt, an einem geweihten Ort zu Gericht. Dort kommen von überall her alle zusammen, die Streitigkeiten haben, und beugen sich ihrem Spruch und Urteil. Die Lehre soll in Britannien entstanden und von dort nach Gallien gelangt sein, und heute noch reisen alle, die tiefer in sie eindringen wollen, zumeist nach Britannien.

Die Druiden nehmen gewöhnlich nicht am Krieg teil, zahlen auch nicht Steuern wie alle anderen, sind frei vom Kriegsdienst und allen Lasten. Von solchen Vorteilen verlockt, aber auch aus innerem Antrieb besuchen viele ihre Schulen oder werden von Eltern und Verwandten hingeschickt. Dort lernen sie, wie es heißt, eine große Menge von Versen auswendig. Daher bleiben manche zwanzig Jahre lang in ihrer Schule. Es ist nämlich streng verboten, ihre Lehre aufzuschreiben, während sie in fast allen übrigen Dingen, im öffentlichen und privaten Verkehr, die griechische Schrift verwenden. Dies scheinen sie mir aus zwei Gründen so zu halten: Sie wollen ihre Lehre nicht in der Masse verbreitet sehen und zudem verhindern, daß die Zöglinge im Vertrauen auf die Schrift ihr Gedächtnis zu wenig üben. Es kommt ja häufig vor, daß man sich auf Geschriebenes verläßt, nicht mehr so gründlich auswendig lernt und in Übung des Gedächtnisses nachläßt. Ihre Hauptlehre ist, die Seele sei nicht sterblich, sondern gehe von einem Körper nach dem Tod in einen anderen über, und sie meinen, diese Lehre sporne besonders zur Tapferkeit an, da man die Todesfurcht verliere. Auch sprechen sie ausführlich über die Gestirne und ihre Bewegung, über die Größe von Welt und Erde, über die Natur, über Macht und Walten der unsterblichen Götter und überliefern ihre Lehre der Jugend.

Das ganze Volk der Gallier ist erfüllt von abergläubischer Scheu, und deshalb bringen Leute, die von schwerer Krankheit befallen sind oder sich im Krieg und Gefahr befinden, entweder Menschen als Opfer dar oder geloben es und lassen die Druiden diese Opfer vollziehen, weil sie meinen, die unsterblichen Götter könnten nur besänftigt werden, wenn man für das Leben eines Menschen wiederum ein Menschenleben darbringe; auch im Namen des Stammes finden solche Opfer regelmäßig statt. Andere ha-

Auswahl antiker Texte zur Religion der Kelten

ben Standbilder von ungeheurer Größe, deren aus Ruten geflochtene Glieder sie mit lebenden Menschen anfüllen; dann zündet man unten an, die Menschen werden von der Flamme eingeschlossen und kommen darin um. Sie glauben, die Opferung ertappter Diebe, Räuber oder sonstiger Verbrecher sei den unsterblichen Göttern willkommener. Fehlt es jedoch an solchen Menschen, schreitet man auch zur Opferung Unschuldiger.

Von den Göttern verehren sie hauptsächlich Mercurius. Er hat die meisten Bilder, gilt als Erfinder aller Handwerke und Künste, als Führer auf Weg und Steg und hat nach ihrem Glauben den größten Einfluß auf Gelderwerb und Handel. Nach ihm verehren sie Apollo, Mars, Iuppiter und Minerva. Von diesen haben sie etwa dieselbe Vorstellung wie die übrigen Völker: Apollo vertreibe die Krankheiten, Minerva lehre die Künste und Handwerke, Iuppiter sei der König des Himmels, Mars regiere den Krieg. Ihm geloben sie beim Beschluß einer Entscheidungsschlacht zumeist die Kriegsbeute; nach dem Sieg opfern sie alle Beutetiere und tragen den Rest an einem Ort zusammen. Bei vielen Stämmen kann man ganze Hügel solcher Opfergaben an heiligen Stätten sehen, und nur selten ist jemand so gewissenlos und wagt es, ein Beutestück bei sich zu verbergen oder gar Niedergelegtes wegzunehmen; auch steht darauf die schlimmste Hinrichtungsart unter Foltern.

Alle Gallier rühmen sich, vom Vater Dis abzustammen, und berufen sich dafür auf die Lehre der Druiden. Deswegen bestimmen sie alle Zeiträume nicht nach der Zahl der Tage, sondern der Nächte; Geburtstage, Monats- und Jahresanfänge berechnen sie so, daß die Nacht zum folgenden Tag zählt. Übersetzung nach O. Schönberger: C. Julius Caesar, Der Gallische Krieg. Sammlung Tusculum (München u. Zürich 1990) S. 277–283.

M. Annaeus Lucanus (39–65 n. Chr.) hat in seinem Epos »Bellum Civile« eine Liste keltischer Stämme überliefert; einigen dieser Stämme schreibt er Menschenopfer zu und erwähnt in diesem Zusammenhang drei Namen keltischer Götter (1, 443–446): Und ihr, von denen der grausame Gott besänftigt wird mit schrecklichem Blut, der Gott Teutates, und, abstoßend wegen seiner wilden Altäre, Esus, und Taranis, nicht milder als der Altar der Skythischen Diana – der taurischen Artemis, der jeweilen die ankommenden Fremden geopfert werden sollten.

In der Berner Burgerbibliothek sind spätantike, im frühen Mittelalter kopierte und auch wohl veränderte Kommentare zu dieser Lukanstelle erhalten. Unterschieden wird zwischen in verschiedenen Versionen überlieferten Rand- und Interlinearerläuterungen (Adnotationes ad Lucanum) und als fortlaufender Text verfaßten Kommentaren (Commenta Bernensia).

Commenta: Mercurius heißt in der Sprache der Gallier Teutates; er wird bei ihnen mit menschlichem Blut verehrt.

Adnotationes: Teutates: so heißt Mercurius, der von den Galliern mit geschlachteten Menschen verehrt wird.

Commenta: Esus halten sie für Mercurius, da er ja von Kaufleuten verehrt wird . . .
. . . und (sie halten) den Schutzgott der Kriege und größten der himmlischen Götter Taranis für Iupiter (und glauben), er sei einst gewöhnlich mit menschlichen Köpfen versöhnt worden, jetzt aber freue er sich an denen von Rindern.
Teutates Mercurius wird so bei den Galliern besänftigt: in einen vollen Kessel wird ein Mensch kopfvoran gesenkt, damit er darin erstickt; Hesus Mars wird so besänftigt: ein Mensch wird an einem Baum aufgehängt bis er seine Glieder . . .

auflöst; Taranis Dis pater wird auf diese Weise bei ihnen besänftigt: in einem hölzernen Trog werden einige Menschen verbrannt.

Ebenso finden wir es dann anders bei anderen Autoren. Teutates Mars wird »mit schrecklichem Blut« besänftigt entweder weil die Kämpfe durch Eingebung jener Gottheit abgehalten werden oder weil die Gallier früher gewohnt waren wie den anderen Göttern so auch diesem Menschen zu opfern. Zusammengestellt nach F. Graf, Menschenopfer in der Burgerbibliothek. Anmerkungen zum Götterkatalog der »Commenta Bernensia« zu Lukan 1, 445. Archäologie der Schweiz 14, 1991, 136–143.

C. Plinius der Ältere (23/24–79 n. Chr.) in seiner Naturalis Historia XVI, 45 über Druiden und Opfer: »Hier dürfen wir auch nicht die religiöse Ehrfurcht übergehen, die die Gallier für die Mistel hegen. Die Druiden – so nennen sie ihre Zauberer – halten nämlich nichts heiliger als die Mistel und den Baum, auf dem sie wächst, sofern es ein Eichbaum ist. Aber auch so pflegen sie die Eichenhaine und vollziehen kein Opfer ohne den Laubschmuck dieser Bäume, so daß sie – so erklären es auch die Griechen – ihren Namen ›Druiden‹ von den Eichen (griechisch ›drys‹) erhalten zu haben scheinen. Was nun auf diesen Bäumen wächst, halten sie für eine Gabe des Himmels und für ein Zeichen, das der Gott gibt, der den Baum dazu ausersehen hat. Allerdings kommt das ziemlich selten vor; wenn sie aber ein solches Zeichen entdecken, dann nehmen sie es mit großer Verehrung auf, besonders am 6. Tag nach dem neuen Mond (nach ihm berechnen sie nämlich den Monats- und Jahresbeginn) und ferner nach dem 30. Jahr des Jahrhunderts, weil dieses dann in seiner höchsten Kraftentfaltung stehe und noch nicht die Hälfte der Zeitspanne erreicht habe. Sie nennen die Mistel in ihrer Sprache die

114

Auswahl antiker Texte zur Religion der Kelten

›Allesheilende‹. Wenn sie nach ihrem Brauch Opfer und Mahl gerichtet haben, führen sie zwei weiße Stiere herbei, deren Hörner sie zuerst bekränzen. Dann besteigt ein mit weißem Gewand bekleideter Priester den Baum und schneidet mit einer goldenen Sichel die Mistelpflanze ab, die in einem weißen Tuch aufgefangen wird. Daraufhin opfern sie die Stiere und beten, daß der Gott die Gabe glückbringend machen möge für diejenigen, denen er sie gesandt habe. Sie sind überzeugt, daß unfruchtbare Tiere durch den Genuß des Saftes der Mistelbeere fruchtbar werden und daß der Saft ein Heilmittel gegen alle Gifte sei. So äußert sich die große Religiosität dieser Volksstämme meist in der Beobachtung von Nichtigkeiten . . .« Übersetzung J. Moreau, Die Welt der Kelten (1958) S. 116 f.

Weiheinschriften in gallischer Sprache und griechischer Schrift aus Südgallien:
Vaison-la Romaine (Vaucluse): Segomaros Quilloneos tooutious Namausatis eioru Belesami sosin nemeton.
Segomaros, Sohn des Villonos, Magistrat in Nemausus (= Nimes) hat dieses Heiligtum Belisama geweiht. (Nach Goudineau 1991, S. 252).
Orgon (Bouches-du-Rhône): Ouebroumaros dede Taranoou bratoudekantem.
Vebromaros hat (dieses Denkmal) dem Taronos aus Dankbarkeit gestiftet. (Nach Goudineau 1991, S. 250).

Literatur

Allgemeine Literatur zur Geschichte und Archäologie der Kelten

K. Bittel u. a., Die Kelten in Baden-Württemberg (Stuttgart 1981)
I Celti – Les Celtes – The Celts. Ausstellung Palazzo Grassi, Venezia (Milano 1991)
J. Collis, The European Iron Age (London 1984)
B. Cunliffe, Die Kelten und ihre Geschichte (Bergisch Gladbach 1991)
A. Duval, L'art celtique de la Gaule au Musée des antiquités nationales (Paris 1989)
C. Eluère, Das Gold der Kelten (München 1987)
A. Furger-Gunti, Die Helvetier (Zürich 1984)
Gold der Helvetier. Keltische Kostbarkeiten aus der Schweiz (Zürich 1992)
C. Goudineau, César et la Gaule. Edition Errance (Paris o. J.)
Das keltische Jahrtausend. Landesausstellung des Freistaates Bayern – Prähistorische Staatssammlung – und der Stadt Rosenheim (Mainz 1993)
100 Meisterwerke keltischer Kunst. Schmuck und Kunsthandwerk zwischen Rhein und Mosel. Schriftenreihe des Rheinischen Landesmuseum Trier Nr. 7 (1992)
M. Szabo, Les Celtes de l'Est (Paris 1992)
Trésors des princes celtes (Paris 1987)
Vercingetorix et Alesia. Ausstellungskatalog Saint-Germain-en-Laye. Musée des Antiquités nationales 29 mars – 18 juillet 1994 (Paris 1994)

Allgemeine Übersicht (Haffner)

J.-C. Arramond/Y. Menez/C. Le Potier, Le Camp de Saint-Symphorien à Paule dans les Côtes-d'Armor (1992)
J.-C. Arramond/C. Le Poitier, Paule, Saint-Symphorien. Habitat de l'âge du fer. In: Les Gaulois d'Amorique. Actes du XIIᵉ colloque AFEAF, Quimper 1988. Revue Archéologique de l'Ouest. Suppl. 3 (1990) 153–155
S. Bauer/H.-P. Kuhnen, Frühkeltische Opferfunde von der Oberburg bei Egesheim, Ldkr. Tuttlingen. In: Kulturen zwischen Ost und West. Festschrift G. Kossack 239–292
K. Bittel, Religion und Kult. In: Die Kelten in Baden-Württemberg (Stuttgart 1981) 85–116
K. Bittel/S. Schiek/D. Müller, Die keltischen Viereckschanzen (Stuttgart 1990)
R. Boudet, Un puits à offrandes gaulois sur l'oppidum d'Agen. Archéologia 306, Nov. 1994, 36–43
R. Boudet, Pratiques réligieuses des Gaulois du Sud-Ouest. L'Archéologue 9, 1995, 27–32
L. Bourgeois, Le sanctuaire de Bennecourt (Yvelines): Structures et rituels du IIᵉ siècle av. J. C. au IVᵉ siècle de notre ère. In: Les sanctuaires de tradition indigène en Gaule romaine. Colloque d'Argentomagus (1994) 73–77.
J.-L. Brunaux, Les sanctuaires gaulois. La Recherche 256 Juillet-Août 1993, 819–828
J.-L. Brunaux, Les Gaulois. Sanctuaires et rites (Paris 1986)
J.-L. Brunaux et alii, Le sanctuaire celtique de Mirebeau (Côte d'Or). In: Les âges du fer dans la vallée de la Saône. Actes du 7ᵉ colloque de l'A. F. E. A. F. tenu à Rully. Revue Archéologique de l'Est et du Centre-Est. Supplément 6 (1985) 80–111
W. Burkert, Homo Necans. Interpretationen altgriechischer Opferriten und Mythen (Berlin – New York 1972)
W. Burkert, Anthropologie des religiösen Opfers. Die Sakralisierung der Gewalt. Themen-Reihe der Carl Friedrich von Siemens Stiftung XL (1983)
W. Burkert, Wilder Ursprung. Opferritual und Mythos bei den Griechen (Berlin 1990)
J. L. Cadoux, Organisation spatiale et chronologie du sanctuaire de Ribemont-sur-Ancre (Somme). Sanctuaires celtiques et le monde méditerranéen. Actes du colloque de St. Riquier (Paris 1991) 156–163
F. Drexel, Templum. Germania 15, 1931, 1–6
I. Fauduet, Atlas des sanctuaires romano-celtiques de Gaule (Paris 1993)
I. Fauduet, Les temples de tradition celtique en Gaule romaine (Paris 1993)
S. Fichtl, Les Gaulois du Nord de la Gaule (Paris 1994) 23–41
A. Furger-Gunti, Der »Goldfund von Saint-Louis« bei Basel und ähnliche keltische Schatzfunde. Zeitschrift für Schweizerische Archäologie und Kunstgeschichte 39, 1982 1–47
Gifts to the Gods. Proceedings of the Uppsala Symposium 1985. Acta Universitatis Upsalaiensis (Uppsala 1987)
E. Gose, Der gallo-römische Tempelbezirk im Altbachtal zu Trier (Mainz 1972)

C. Goudineau, Les sanctuaires gaulois: Relecture d'inscriptions et de textes. In: Les sanctuaires celtiques et le monde méditerranéen. Actes du colloque de St. Riquier (Paris 1991) 250–256

Gournay I: J.-L. Brunaux/P. Meniel/F. Poplin, Les fouilles sur le sanctuaire et l'oppidum. Revue Archéologique de Picardie. Numéro special (1985)

Gournay II: A. Rapin, Boucliers et lances. J.-L. Brunaux, Dépôts et trophées. Revue Archéologique de Picardie (Paris 1988)

Gournay III: T. Lejars, Les fourreaux d'épées (Paris 1994)

F. Graf, Menschenopfer in der Burgerbibliothek. Anmerkungen zum Götterkatalog der »Commenta Bernensia« zu Lucan 1, 445. Archäologie der Schweiz 14, 1991, 136–143.

M. J. Green, Dictionary of Celtic Myth and Legend (London 1992)

W. Kimmig, Menschen, Götter und Dämonen. Zeugnisse keltischer Religionsausübung. In: Das keltische Jahrtausend (Mainz 1993) 170–176

R. Hachmann, Gundestrup-Studien. Untersuchungen zu den spätkeltischen Grundlagen frühgermanischer Kunst. Berichte der Römisch-Germanischen Kommission 71, 1990 565–903.

A. King/G. Soffe, Recherches récentes sur les temples romano-celtiques de Grande-Bretagne. L'exemple de Hayling Island. In: Les sanctuaires de tradition indigène en Gaule romaine. Actes du Colloque d'Argentomagus (Paris 1994) 33–48

W. Krämer, Prähistorische Brandopferplätze. In: Helvetia Antiqua. Festschrift für Emil Vogt (1966) 111–122

R. Krause/G. Wieland, Eine keltische Viereckschanze bei Bopfingen am Westrand des Rieses. Germania 71, 1993, 59–112

B. Kremer, Das Bild der Kelten bis in augusteische Zeit. Historia, Einzelschriften, Heft 38 (Stuttgart 1994)

B. Kremer/R. Urban, Das vorgeschichtliche Europa und die Kelten bei griechischen Autoren. In: Das keltische Jahrtausend (Mainz 1993) 15–22

P.-Y. Lambert, La Langue gauloise (Paris 1994)

B. Maier, Lexikon der keltischen Religion und Kultur (Stuttgart 1994)

J. Malitz, Die Historien des Poseidonios (München 1983)

P. Méniel, Les sacrifices d'animaux chez les Gaulois (Paris 1992)

F. Müller, Der Massenfund von der Tiefenau bei Bern (Basel 1990)

F. Müller, Kultplätze und Opferbräuche. In: Das keltische Jahrtausend (Mainz 1993) 177–188

Opfer-Kolloquium in Münster vom 3. bis 6. Oktober 1983. Frühmittelalterliche Studien 18, 1984, 1–546

L. Pauli, Keltischer Volksglaube (München 1975)

L. Pauli, Einige Anmerkungen zum Problem der Hortfunde. Archäologisches Korrespondenzblatt 15, 1985, 195–206

L. Pauli, Einheimische Götter- und Opferbräuche im Alpenraum. In: Aufstieg und Niedergang der römischen Welt II, 18, 1 (1986) 816–871

L. Pauli, Heilige Plätze und Opferbräuche bei den Helvetiern und ihren Nachbarn. Archäologie der Schweiz 14, 1991, 124–135

L. Pauli, Quellen zur keltischen Religionsgeschichte. In: Germanische Religionsgeschichte. Ergänzungsbände zum Reallexikon der germanischen Altertumskunde 5 (Berlin – New York 1992) 118–144 mit Taf. 1–11

L. Pauli/G. Glowatzki, Frühgeschichtlicher Volksglaube und seine Opfer. Germania 57, 1979, 144–152

J.-P. Petit, Puits et fosses rituels en Gaule d'après l'exemple de Bliesbruck [Moselle] (1988)

J. Piette, Le fanum de La Villeneuve-au-Châtelot (Aube). In: L'âge du fer en France septentrionale. Mémoires de la Société Archéologique Champenoise 2. Sup-

plément au bulletin no 1 (1981)

S. Piggott, The Druids (London 1968)

R. Pittioni, Über zwei keltische Götterfiguren aus Württemberg. Anz. phil.-hist. Kl. Österr. Akad. d. Wiss 118, 1981, 338–351

H. Polenz, Opferhöhlen der vorrömischen Eisenzeit im südlichen Westfalen. In: Höhlen-, Wohn- und Kultstätten der frühen Menschen im Sauerland. Ausstellungskatalog Münster (1991) 33–71

A. Reichenberger, Bemerkungen zur Herleitung und Entstehung der spätkeltischen Viereckschanzen. Acta Praehistorica et Archaelogica 25, 1993, 186–209

A. Reichenberger, Keltische Heiligtümer in Süddeutschland. Zum Stand der Viereckschanzenforschung. Vorträge 12. Niederbayerischer Archäologentag 1994, 169–205

A. Reichenberger, Zur Interpretation keltischer Viereckschanzen. Jahrbuch Römisch-Germanisches Zentralmuseum (im Druck)

A. Reichenberger/M. Schaich, Ausgrabungen in der spätkeltischen Viereckschanze bei Pankofen. Das Archäologische Jahr in Bayern 1994 Le sacrifice dans l'antiquité. Entretiens sur l'antiquité classique. Bd. 27 (1981)

Les sanctuaires celtiques et le monde méditerranéen. Actes du colloque de St.-Riquier (8–11 nov. 1990) (Paris 1991)

Les sanctuaires de tradition indigène en Gaule romaine. Actes du Colloque d'Argentomagus (Argenton-sur-Creuse/Saint-Marcel, Indre) 8, 9 et 10 Octobre 1992 (Paris 1994)

O. Schönberger (Hrsg.): C. Julius Caesar, Der Gallische Krieg. Lateinisch-deutsch. Sammlung Tusculum (München u. Zürich 1990)

K. Schwarz, Die Geschichte eines keltischen Temenos im nördlichen Alpenvorland. In: Ausgrabungen in Deutschland, gefördert von der Deutschen Forschungsgemeinschaft 1950–1975 (Mainz 1975) 324–358

Literatur

S. Sievers, Armes et sanctuaires à
Manching. In: Sanctuaires celtiques
et le monde méditerranéen. Actes
du colloque de St. Riquier (Paris
1991) 146–155
J. Steenstrup, Det store Sølvfund
ved Gundestrup i Jylland 1891 (Kopenhagen 1895)
N. Venclova, Mescke Zehrovice,
Bohemia: excavations 1979–1988.
Antiquity 63, 142–146
N. Venclova, Structure et fonction
de l'enclos de Msecke Zehrovice.
In: Les sanctuaires celtiques et le
monde méditerranéen. Actes du
colloque de St. Riquier (Paris 1991)
139–145
M. Vidal, Note préliminaire sur les
puits et fosses funéraires du Tou-
lousain aux IIe et I^e siècles av. J. C.
Revue Aquitania 4, 1986, 55–90
Vorgeschichtliche Heiligtümer und
Opferplätze in Mittel- u. Nordeu-
ropa. Bericht über ein Symposium
in Reinhausen bei Göttingen in der
Zeit vom 14.–16. Oktober 1968.
Abh. d. Akad. d. Wiss. Göttingen.
Phil.-Hist. Klasse III, Nr. 74 (1970)
J. de Vries, Keltische Religion
(Stuttgart 1961)
K. Weißmann, Druiden, Goden,
Weise Frauen (Freiburg 1993)
R. Wyss, Grabriten, Opferplätze
und weitere Belege zur geistigen
Kultur der Latènezeit. In: Ur- u.
frühgeschichtliche Archäologie der
Schweiz [Eisenzeit] (Basel 1974)

Das keltische Heiligtum von Vix (Chaume/Olivier/Reinhard)

K. Bittel/S. Schiek/D. Müller, Die
keltischen Viereckschanzen (1990).
B. Chaume, Sondages sur l'em-
placement présumé du fossé défen-
sif de la citadelle hallstattienne du
Mont Lassois et sur une enceinte
quadrangulaire (commune de Vix).
Bull. archéologique et historique
du Châtillonnais 4, 1991, 5.
B. Chaume/L. Olivier/W. Reinhard, Deutsch-französische Ausgrabungen in Vix/Bourgogne. Ar-

chäologie in Deutschland 1/1993,
54.
B. Chaume/L. Olivier/W. Reinhard, Keltische »Fürstensitze«
westlich des Rheins. Archäologie in
Deutschland 1/1994, 51.
M. Egg/A. France-Lanord, Der
Wagen aus dem Fürstengrab von
Vix, Dép. Côte d'Or, Frankreich.
In: Vierrädrige Wagen der Hallstattzeit. Monographien 12, 1987,
145–179.
R. Joffroy, Un tumulus du Hallstatt
ancien à Vix (Côte d'Or). Congrès
préhistorique de France, compte
rendu de la XV. session Poitiers-
Angoulème 15.–22. 7. 1956 (1957),
579–587.
R. Joffroy, Les sépultures à char du
premier age du fer en France (1958).
R. Joffroy, L'oppidum de Vix et la
civilisation hallstattienne finale
dans l'est de la France (1960).
R. Joffroy, Le trésor de Vix (Côte
d'Or) (1954).
Katalog: Das keltische Jahrtausend
(1993) 338–344 Nr. 466 a–b.
W. Kimmig, Die griechische Kolo-
nisation im westlichen Mittelmeer-
gebiet und ihre Wirkung auf die
Landschaften des westlichen Mitteleuropas. Jahrb. RGZM 30, 1983,
5–78.
L. Olivier, Le pôle aristocratique
des environs de Saxon-Sion (Meur-
the et Moselle) à l'Age du fer:
Faut-il revoir le concept de »rési-
dence princière«? in: Vix et le phé-
nomène princier (1995)
C. F. E. Pare, Ein zweites Fürstengrab von Apremont – »La Motte
aux Fées«. Jahrb. RGZM 36, 1989,
411 ff.
W. Reinhard, Gedanken zum West-
hallstattkreis am Beispiel der HaC-
zeitlichen Schwertgräber. Blesa 1,
1993, 359–387.
S. Schiek, Zu Viereckschanzen und
Grabhügeln. Fundber. aus Baden-
Württemberg 7, 1982, 221–231.

Ein »Starker Ort«: Der frühkeltische Opferplatz bei Egesheim (Bauer/Kuhnen)

S. Bauer/H. P. Kuhnen, Frühkelti-
sche Opferfunde von der Oberburg
bei Egesheim, Lkr. Tuttlingen. In:
A. Lang u. a. (Hrsg.), Kulturen
zwischen Ost und West. Festschr.
G. Kossack, Berlin 1993, 239 ff.
J. L. Brunaux, Les sanctuaires cel-
tiques et le monde méditerranéen.
Archéologie aujourd'hui. Dossiers
Protohist. 3 (St. Riquier 1990).
R. Dehn/J. Klug, Fortführung der
Grabungen am »Heidentor« bei
Egesheim, Kreis Tuttlingen. Arch.
Ausgr. Baden-Württemberg 1992
(Stuttgart 1993) 99 ff.
L. Pauli, Einheimische Götter und
Opferbräuche im Alpenraum. In:
W. Haase (Hrsg.), ANRW II, 18,1
(1986).
F. Unruh, Aufbruch nach Europa:
Heimat der Kelten am Ursprung
der Donau. Ausstellungskatalog
Württ. Landesmuseum Stuttgart
(1994) 29 ff.

Die keltischen Heiligtümer Nordfrankreichs (Brunaux)

Siehe Literaturangaben zu Brunaux
und Gournay unter: Allgemeine
Übersicht (Haffner).

Das kelto-ligurische »Heiligtum« von Roquepertuse (Lescure)

H. de Gérin-Ricard, Le sanctuaire
préromain de Roquepertuse
(Nancy – Paris – Strasbourg 1930).
B. Lescure, Roquepertuse. Collec-
tion archéologique. In: Voyage en
Massalie. 100 ans d'archéologie en
Gaule du Sud. Musées de Marseille/
Edisud (1990) 165–171.

Literatur

Die spätkeltischen Viereck-schanzen in Südwestdeutsch-land (Wieland)

G. Bersu, Die Viereckschanze bei Oberesslingen. Fundberichte aus Schwaben N. F. 3, 1926, 61 ff.

K. Bittel, Viereckschanzen und Grabhügel – Erwägungen und Anregungen. Zeitschrift für Schweizer Archäologie und Kunstgeschichte 35, 1978, 1 ff.

K. Bittel/S. Schiek/D. Müller, Die keltischen Viereckschanzen. Atlas Archäologischer Geländedenkmäler in Baden-Württemberg 1 (Stuttgart 1990).

F. Drexel, Templum, Germania 15, 1931, 1 ff.

P. Goessler, Auf den Spuren altkeltischer Religionsübung in Süddeutschland. In: Neue Beiträge zur Archäologie und Kunstgeschichte Schwabens. Festschrift J. Baum zum 70. Geburtstag (Stuttgart 1952) 27 ff.

R. Krause/G. Wieland, Eine keltische Viereckschanze bei Bopfingen am Westrand des Rieses. Ein Vorbericht zu den Ausgrabungen und zur Interpretation der Anlage. Germania 71, 1993, 59 ff.

L. Pauli, Heilige Plätze und Opferbräuche bei den Helvetiern und ihren Nachbarn. Archäologie der Schweiz 14, 1991, 124 ff.

D. Planck, Eine keltische Viereckschanze in Fellbach-Schmiden, Rems-Murr-Kreis. Germania 60, 1982, 106 ff.

A. Reichenberger, Temenos – Templum – Nemeton – Viereckschanze. Bemerkungen zu Namen und Bedeutung. Jahrbuch des Römisch-Germanischen Zentralmuseums Mainz 35, 1988 (1991) 285 ff.

A. Reichenberger, Bemerkungen zur Herleitung und Entstehung der spätkeltischen Viereckschanzen. Acta praehistorica et archaeologica 25, 1993, 186 ff.

P. Reinecke, Die spätkeltischen Viereckschanzen in Süddeutschland. Bayerischer Vorgeschichtsfreund 1–2, 1921–22, 39 ff.

S. Schiek, Zu einer Viereckschanze bei Ehningen, Landkreis Böblingen, Baden-Württemberg. In: Studien zu Siedlungsfragen der Latènezeit. Festschrift für W. Dehn. Veröffentlichungen des vorgeschichtlichen Seminars Marburg 3 (1984), 187 ff.

K. Schumacher, Gallische Schanze bei Gerichtstetten (Amt Buchen). Veröffentlichungen der Großherzoglich Badischen Sammlungen zur Altertums- und Völkerkunde Karlsruhe und des Karlsruher Altertumsvereins 2 (1899) 75 ff.

K. Schwarz, Atlas der spätkeltischen Viereckschanzen Bayerns (München 1959).

K. Schwarz, Die Geschichte eines keltischen Temenos im nördlichen Alpenvorland. In: Ausgrabungen in Deutschland 1 (Mainz 1975) 324 ff.

H. Zürn/F. Fischer, Die keltische Viereckschanze von Tomerdingen (Gem. Dornstadt, Alb-Donau-Kreis). Materialhefte zur Vor- und Frühgeschichte in Baden-Württemberg 14 (Stuttgart 1991).

Die Schatzfunde von Snettisham (Stead)

I. Stead, The Snettisham Treasure. Current Archaeology 126, 1991, 260–263.

I. Stead, The Snettisham Treasure: excavations in 1990. Antiquity 65, 1991, 447–456.

Danksagungen   Bildnachweis

Danken möchte ich:

den Mitautoren, die ohne zu zögern ihre Beiträge zusagten und rechtzeitig ablieferten,

Gabriele Süsskind (†) für die redaktionelle Betreuung und das Layout dieses Buches,

Richard Boudet, Alain Duval, Veronique Laurent, Yves Menez, Chatal Orgogozo und Martin Schaich für die unkomplizierte Hilfe bei der Bildbeschaffung,

Wolfgang Lieske für die engagierte Mitarbeit bei der graphischen Gestaltung zahlreicher Textabbildungen,

Sandra Hauschildt für die zügige und kompetente Textverarbeitung,

Anke Wesse für die Unterstützung beim Korrekturlesen,

meiner Frau Edith Haffner für Hilfe beim Korrekturlesen sowie inhaltliche und sprachliche Kritik,

Alfred Reichenberger, der noch nicht im Druck erschienene Manuskripte zur Verfügung stellte,

dem Verleger Hans Schleuning für manche Ermutigung.

1, 5, 7, 10–12, 14–16, 19–22, 26, 27, 48–50, 52, 54: Montage und Umzeichnungen Wolfgang Lieske, Institut für Ur- und Frühgeschichte der Christian-Albrechts-Universität.
2: Musée départemental de l'Oise, Beauvais. Foto Piero Baguzzi.
3: Nationalmuseet Kopenhagen.
6: Hervé Paitier/Mathilde Dupré, Service Régional de l'Archéologie de Bretagne, Rennes.
8, 13, 32: Musée des Antiquités Nationales, Saint-Germain-en-Laye. Agence Photographique de la Réunion des Musées Nationaux, Paris.
9: Museum für Vor- und Frühgeschichte. Staatl. Museen Preußischer Kulturbesitz Berlin.
17: Staatl. Münzsammlung München.
23: Martin Schaich, ArcTron, Altenthann.
25: Prähistorische Staatssammlung München.
28–30: Relevé Richard Boudet, CNRS-EHESS, Toulouse.
31: Cliché Musée d'Aquitaine-Bordeaux-France-tous droits réservés.
33–44: Bruno Chaume, Laurent Olivier, Walter Reinhard.
45–47: Sibylle Bauer, Hans-Peter Kuhnen.
55–59, 63, 65, 70: Jean-Louis Brunaux.
71–80: Brigitte Lescure.
82, 87–89, 91: Landesdenkmalamt Baden-Württemberg. Archäologische Denkmalpflege, Stuttgart.
94, 102: Ian M. Stead.
95–101, 103–109: The British Museum, Photographic Service.

Übersetzungen der französischen Beiträge: Eva-Maria Jünemann, des englischen Beitrags: Birte Brugmann.

Die Autoren des Bandes

Sibylle Bauer, Kurfürstenstraße 72, 54290 Trier

Jean-Louis Brunaux, Centre Archéologique Départemental de Ribemont-sur-Ancre, 5, rue d'en Haut, F-80113 Ribemont-sur-Ancre

Bruno Chaume, 1, ruelle du Pertuis, F-21400 Châtillon-sur-Seine

Alfred Haffner, Institut für Ur- und Frühgeschichte der Christian-Albrechts-Universität, 24098 Kiel

Hans-Peter Kuhnen, Rheinisches Landesmuseum Trier, Weimarer Allee 1, 54290 Trier

Brigitte Lescure, Musée d'Archéologie, Méditerranéenne, 2, rue de la Charité, F-13002 Marseille

Laurent Olivier, 9, rue de Rosny, 94120 Fontenay-sous-Bois

Walter Reinhard, Staatliches Konservatoramt, Schloßplatz 16, 66119 Saarbrücken

Ian M. Stead, The British Museum, Department of Prehistoric and Romano-British Antiquities, London WC1B 3DG

Günther Wieland, Landesdenkmalamt Baden-Württemberg – Archäologische Denkmalpflege, Mörikestraße 12, 70178 Stuttgart